400万 フォロワーを分析した プロのノウハウ

インスタで "推し" に なる方法

How to get support on Instagram

株式会社 SAKIYOMI
石川侑輝

CROSSMEDIA PUBLISHING

お客様に「応援」してもらうために

　本書に書かれているのは、Instagram を使って、お客様にとっての"推し"になるための方法です。

　普段ビジネスをしていて、お客様は来てくれるけれどリピーターは少ない、商品を買ってはくれるけれど自分たちを気に入ってくれているかはわからない、と感じることはないでしょうか。

　たくさんの人の"推し"になることができたら、ビジネスはどんどん安定していきます。

・商品やサービスを継続的に購入してくれる
・自分が購入したものを周囲にお勧めしてくれる
・ビジネスのアドバイスをしてくれる

　何より、そうしたお客様との関係性は、ビジネスをする側としてとても嬉しいものです。みんな、自分たちが売るものを通してお客様にポジティブな影響を与えたいと考えているのではないでしょうか。お客様にとって"推し"とのコミュニケーションは、欲しいものを手に入れるということを超えた喜びを感じるものです。

Instagram は「人と人とが近づくためのツール」

「大切な人や大好きなことと、あなたを近づける」

これは Instagram のミッションです。Instagram といえば写真や画像を共有するプラットフォームというイメージが強いと思います。もちろん、それは間違いではないのですが、その成り立ちは、単なる情報交換のためだけではありません。人と人とが近づくためのツール。これを活用することが、"推し"になるための最適な方法です。

どのような発信をすれば"推し"になれるのか。詳しくは本文に譲りますが、簡単に言えば次の3つについて発信していきます。

インスタで伝えたい3つのこと
① 「目標」や「戦略」
② 「失敗」や「困難」
③ 「商品の物語」

これらを伝える理由をひと言で言えば、「自分たちがどんな人間か」を知ってもらうことです。人は「企業」に対して共感しません。相手が人間であるからこそ共感し、応援したいと思えるようになる。そのために、隠すことなくありのままの姿を伝えましょう。

本当に大切なのはフォロワー数ではなかった

2022年7月に出版した拙著「平均4.2カ月で1万フォロワーを実現するプロ目線のインスタ運用法」は、ニッチ分野であったにもかかわらず、大変ありがたいことに8万部を超えるベストセラーになりました。それだけ、「フォロワーを増やしたい」という人は多かったのだと思います。

私（SAKIYOMI）が Instagram の事業を始めてから、フォロワーを増やす方法を模索する中ではたくさんの苦労がありました。当初は「プレゼントキャンペーン」や、フォローバックを期待した「フォロー周り」「い

いね周り」のような方法で、フォロワーを増やしていました。

　しかし、このアプローチは本質的ではなく、持続可能性もありません。「こんなものをマーケティングとは呼べない」と、事業の立ち上げ３カ月で一念発起しました。世の中にあるすべての「インスタ本」に目を通し、フォロワーが多い人たちに頭を下げてインサイト（数値管理をできる画面）を見せてもらい、フォロワーが増えるアカウントの共通点を少しずつ探し当てていきました。その半年後、自分たちが構築してきたノウハウをもとに多くのアカウントを運用した結果、平均１万フォロワー増を達成することができました。

　しかし、そこで別の壁が立ちはだかります。ノウハウを提供した企業やインフルエンサーから、**「フォロワーが増えても売り上げに繋がらない」**といった声をいただくことが増えてきたのです。

　もちろん、ビジネスとして Instagram を運用する上で、フォロワーは大切です。フォロワー数が多いほどたくさんの人に自社の商品やサービスを知ってもらうことができ、結果として売り上げや利益にも繋がっています。

「フォロワーを闇雲に増やすだけではなく、収益に繋がるようなノウハウを世の中に届けないといけない」。その一心で、前著でもお世話になった出版プロデューサーの菊池さん、編集者の久保木さんに声を掛けて本書の企画が始まりました。

本当に大切なのはフォロワー数ではなかった

　その後、本書でも事例としてたくさん登場する「レシピノート」を運用する打木君に「半年後に本を出すから、フォロワーのみなさんにとっての"推し"になってくれ」と伝え、ゼロからテストマーケティングを始めました。

「オムレツ王子」として、「100日でオムレツを作れるようになる」と

いう企画を発信。企画から販売まで3カ月しか猶予がない中での商品開発など、打木君への無茶な依頼を数え出したらキリがないでしょう。

彼の努力が実り、フォロワーは30万人を超え、さらにフォロワーのみなさんからお手紙やプレゼントが届くように。プロジェクトの中核を担う新商品「スパイスの変」は、初期在庫を発売初日に完売させました。「レシピノート」は、まさにフォロワーのみなさんにとっての"推し"にしてもらうことができたのです。

● お客様からのお手紙やプレゼントが届くように

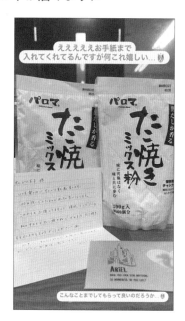

ほかにも、さまざまなアカウントが"推し"のノウハウをもとにフォロワーとの関係性をつくり出しています。**"インスタ映え"する画像や、凝った動画を投稿する必要はありません。**普段考えていること、日常の出来事を伝えるだけでいい。「お客様」と「企業」という関係性を超えた、価値ある繋がりを築いていきましょう。

カヌレ屋を営む店長のアカウント。カヌレへの想いやお客様とのやり取りを日々発信。SNSを通して客足も伸び、アカウント開設から2カ月で来店客数が2倍に。お店を目的に遠方から訪れ、手紙を持参するお客様も。

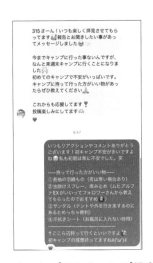

キャンプ飯やキャンプ場を紹介するアカウント。役立つ情報だけではなく、キャンプを通して人生が変わった経験談や、女子キャンパーならではの"あるある"も発信。"推し"のノウハウ実践から2カ月でDM数が5倍に。

祖母や母から受け継いだレシピを紹介するアカウント。大好きなレシピを多くの人に届けたいという想いを伝えることで応援者が増え、アカウント開設から1年半で16万フォロワーに。フォロワーとのお茶会なども開催。

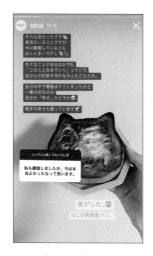

シングルマザーがダイエットに関しての情報発信をするアカウント。離婚の経験やシングルマザーならではの悩みも発信。フォロワーのコメントに丁寧に返事をし続け、"推し"のノウハウ実践から3カ月で2万フォロワー増。

400万フォロワーを分析したプロのノウハウ

インスタで"推し"になる方法

第2章

Instagram でしか
伝えられないこと

第3章

消費者の「買う理由」
をつくる

第4章

Instagram で伝えたい 3つのこと

第5章

4つの投稿で "推し" になる

第6章

"みんな友達"の世の中

本書の内容は、2023年8月1日時点の情報を基に構成されています。
また、本書を参考にしたInstagram運用の結果について、
著者および株式会社SAKIYOMI、
株式会社クロスメディア・パブリッシングは、
一切の責任を負いかねます。ご了承ください。

企画協力
株式会社ブックダム

ブックデザイン
別府拓（Q.design）

イラスト
ぷーたく

校正
加藤義廣（小柳商店）

第 1 章

消費者が持つ
３つのインサイト

Instagram は「友達と繋がる」ためのツール

> Instagram は、単純に情報を発信するだけのプラットフォームではありません。そのツールの成り立ちに、マーケティングに活用すべき根本的な理由があります。まずはその大前提を押さえましょう。

"インスタ映え"は「失敗」だった

Instagram のミッションは、**" 大切な人や大好きなことと、あなたを近づける "** です。

この言葉にある通り、Instagram は単純に画像を共有するだけのプラットフォームではありません。そもそも**「友達と繋がる」ためのツールだと認識することが、Instagram マーケティングのスタートライン**です。

以前、Instagram 社（現・meta 社）のプロダクトマネージャーが、Instagram の普及によって「セルフィー（自撮り）」や「インスタ映え」のようなフォトジェニックが流行ったことについて、「失敗だ」と表現したといわれています。

「インスタ映えしなければならない」と考えると、投稿のハードルが上がってしまいますよね。一般的なユーザーは投稿できなくなってしまい、Instagram はただ見るだけのツールになってしまう。これは、彼らの意図することではないということです。

"インスタ映え"が流行したことで、運営側には大きな利益がもたらされたはずです。それを「失敗」と表現するのは、確固たるミッションがあるからではないでしょうか。

● **インスタは人と人とを繋げるツール**

常にユーザーの便益を求めるこだわり

　Instagram では、常に UI（User Interface：機器やソフトウェアの操作画面・操作方法）が見直され、進化を続けています。

　現在、プロフィール欄のフォロワー数はいちばん上に大きく表示されていますが、以前には位置を下げて表示も小さく変更されたことがあります。また、直近の変化で言えば、ユーザーが見る投稿の「いいね」の数を非表示に設定できるようになりました。これらは、フォロワー数や「いいね」が数字として示されることに対して、ユーザーがプレッシャーに感じるということが理由だそうです。

● 「いいね」の数を非表示にできる

　このように、Instagram ではユーザーのための改良が繰り返されています。これが、人気を集める大きな理由でしょう。**ユーザーは、無意識であっても Instagram のミッションに共感してこのプラットフォームを使っています**。その裏付けになるのが、運営側の徹底したこだわりなのです。

　Netflix の番組に、『アート・オブ・デザイン』というドキュメンタリーがあります。以前、Instagram のデザイナーであるイアン・スパルター氏が特集されているのを見て、改めて確信しました。

　「プラットフォームとして、どんな社会の潮流をつくるべきなのか」という、高い哲学を持って取り組み、**ユーザーにとっての便益が何なのか**

を考え、常にブラッシュアップしていく。こんなに自分たちの理念を追求していく会社はそうそうないと思います。

　資本主義の世界に迎合しないスタンス。もちろんビジネスとして収益を上げていくことは必要ですが、あくまでビジョンの実現を第一目的としているのでしょう。

あらゆることが
スタンダードになっていく

近年、トレンドの移り変わりは速度を増しています。その原因の
ひとつが、Instagram の普及です。一部の人たちから始まること
が世の中のスタンダードになるまでの過程を見ていきましょう。

「美術館に行きました」と投稿する人たち

　Instagram の登場は、世の中にたくさんの変化を与えました。その 1
つ目が、**これまで人に伝えるのが少し恥ずかしかったような内容でも、
気軽に発信できるようになった**ことです。

　例えば、休日に美術館に行く、オシャレなレストランで食事をする。
ある程度以上の年齢の人たちにとって、こうした行動を人に伝えるのは、
「イキっているように思われるかな」というように、少し抵抗を感じる
ことだったのではないでしょうか。
　それに、「詳しくない人が気軽にするべきことではない」といったイ
メージもあります。美術館で展示されている作品について、どんな芸術
家がどんな背景で残したのかを理解していないと、行ってはいけないと
いう雰囲気です。
　ほかにも、アフタヌーンティーを楽しむ、高級な食事をするといった
ことも、「自慢」として捉えられるのではないか、という感覚があると
思います。

　それがいま、高校生でも美術館に行くことが当たり前になってきてい
ます。オシャレなレストランで食事することもアフタヌーンティーを楽

しむことも、若い世代はみんな Instagram にアップしています。それを見た側が「こんなことを投稿するなんて」と非難することもまずありません。

「恥ずかしくないセルフィー」という革命

　Instagram がもたらした変化として、次に、「セルフィー」が当たり前になったことがあります。

　自分で自分にカメラを向けるなんて、昔は結構恥ずかしいことでした。１人の空間であればまだしも、街中では周囲の目が気になってなかなかできることではありません。私は 1991 年生まれですが、高校生の頃に自分の写真を撮るといえば、プリクラでした。

　それが社会人になった頃から、日本に観光に来た外国人がセルフィーを撮る姿を見かけるようになりました。さらに Instagram が普及し、**多くのユーザーが自分の日常を投稿するようになったことをきっかけに、みんながセルフィーを撮るようになっていきました**。いま街中でセルフィーを撮っている人を見ても、違和感を覚えることは少ないのではないでしょうか。

　近い現象として、スマートフォンのワイヤレスイヤホン・マイクの一般化です。以前は街中でスマートフォンを持たずに話している人がいたら、少し奇異な目で見られていた記憶があります。

　この点でも、外国人がワイヤレスで話しているのを見かけることはありましたが、やはり日本では「道端で１人で話すなんてできない」と考える人が多かったのではないでしょうか。それが**いまやみんな当たり前にワイヤレスで話しています**。それに対しておかしな視線を向ける人もいないですよね。

「流行」はどんどんコピーされるように

　近年の変化として、もう1つ注目しておきたいのが、**トレンドの移り変わりの速さ**です。

　一例として、女性の間でインナーカラーが流行っています。髪の毛の内側だけを明るい色にすることで、結んだときにラインが入って見えるものですね。

　流行のきっかけはK（韓国）カルチャーだと思いますが、上の世代から見ると、結構奇抜なファッションに感じます。ところが、一部の人が

インナーカラーにし始めてから、恐らく２年もかからずにたくさんの人が真似するようになっています。

　似たような変化では、男性の美容もスタンダードになってきています。これまで男性のビジネスパーソンのスタンダードな髪型は、黒髪短髪。それがいま、私の周囲の経営者を見てもハイライト（メッシュ）を入れる人が多くなっています。「アートメイク」といわれる眉タトゥーを入れる人もかなり増えてきました。

「イケてる人」がやっていることを真似る

　これまで抵抗があったようなことでも発信できるようになったという変化には、Instagram がフィルターになることで、特別感が抑えられているという面があるでしょう。
　加えて、**そうした発信に触れる機会が増えることで、「みんなやってるんだな」と感じるようになった**ということもあります。

　例えば友達５人がインナーカラーにしているのを見たら、みんながインナーカラーにしているように感じるのではないでしょうか。友達100人のうちの５人しかやっていないのに、もっと多くの人がやっているように思えます。
　これを心理学では**「バンドワゴン効果」**といいます。誰かが支持している事柄に対して、よりいっそう支持が集まりやすくなる心理です。

　ただし、最初の段階では、周囲の人と違う行動をすることにはやはり違和感があったはずです。その違和感が消えるのが、「イケてる人」が始めることです。
　自分にとって「ダサい」対象の人がインナーカラーに染めていても、

真似しようとは思わないでしょう。一方で、自分の好きなインフルエンサーがインナーカラーにしていたら、憧れの対象がやっていることとして、真似したくなります。

　同じように影響されてインナーカラーにする人が増えることで、**「あれ？　友達も5人やり始めたな」**と感じる人が増える。そうしてみんなが**「私もやっていいんだ」**と捉えるようになっていきます。

● 自分の周囲がやっていると「自分もやっていいんだ」と感じる

「憧れ」の対象が身近になっている

　イケてる人の真似をしようという感覚は、世代を問わないと思います。上の世代の方でも、人気俳優と同じ服を買うような経験があるのではないでしょうか。

　ただ、その**「憧れ」の基準が、これまでよりも手前になっている**のだと思います。

　いま、「インフルエンサー」や「インスタグラマー」と呼ばれている人たちは、一般人ではあるけれど、ルックスが良かったり、面白かったりと、少しだけ特別に見える人たちです。

　見ている人たちにとっては、芸能人やアイドルではなく、もっと自分たちに近い、けれど少し憧れるような存在です。クラスの人気者が何かを始めることでクラス中に流行することがありますが、あれに近い感覚だと思います。そうして多くの人が真似をするようになって、社会的なスタンダードになっていきます。

　このように、**いままでだったらできなかったことも、抵抗なくできるようになる。さらに「イケてる人」が始めたことがSNSを通して一気に波及することで、トレンドになっていく。**

　そうした現象がさまざまな分野で起こることで、社会全体に「人と違うことをしてもいい」という雰囲気が生まれています。「なりたい職業ランキング」に「ユーチューバー」がランクインするのも、そうした変化の表れだと思います。

　「変わったこと」「おかしいこと」が減っていき、あらゆることが「多様性」という言葉で正当化されていく。Instagramでのマーケティングを考える上で、まずはこのことを前提にしましょう。

STEP
...
3

Instagram は
現代の「六畳一間」

> Instagram への投稿は、自分の周囲の出来事を伝えることとは別に、特に若い世代の多くが持つ課題を解決するものでもあります。現代特有の欲求とはどのようなものなのでしょうか。

投稿欄を自分好みにアレンジする

　私は 1991 年生まれで、Instagram をはじめとした SNS を、ギリギリ使いこなすことができる世代だと感じています。一方で、一定以上の年齢の方の中には Instagram をうまく使いこなせないと感じる人も多いのではないでしょうか。マーケティング効果という意味でもそうですが、使っていて、感覚的にいまいちピンとこないという人もいるでしょう。

　私は、この違いの理由のひとつとして **「子供部屋」を持つ経験をしているかいないか**、という差があると定義しています。

　私が子供の頃、年の近い友達のほとんどが、自宅に子供部屋を持っていました。「六畳一間」が 1 人に 1 部屋与えられて、その中に自分専用のテレビがあることも珍しくありませんでした。

　自分だけの空間を持つと、自分好みにアレンジしたくなります。「好きなアーティストの CD をコレクションして飾る」「カーテンを変える」「部屋の模様替えをしてみる」。こうした行動に共感する人も多いのではないでしょうか。

　限られたスペースを、最大限自分好みの空間にしたくなる。誰かが見に来るわけでもないのに、自分でお金を払って部屋を魅力的にしておく。そうした行動が、現代の Instagram にリンクしているように思います。

特に「Z世代」といわれる人たちのInstagramを見ると、**自分の投稿欄がコレクションの場のようになっています**。全体的な色味に統一感を持たせることもできれば、同じジャンルの投稿を揃えることもできます。

● 投稿欄を自分好みにアレンジする

投稿を重ねる中で、「なんか違うな」と思う投稿があれば、削除することもできます。小学校入学のときに親に買ってもらった勉強机が部屋にあることに、子供の頃は違和感がありませんが、高校生くらいになって急に幼く思えてくる。オシャレな机が欲しくて、バイトを頑張って自分で買い替える。そうしたアレンジを、Instagramではより手軽にできる感覚なのだと思います。

もちろん、みんながコレクションのためだけに投稿するわけではない

と思います。ただ、Z世代などの若い層は、投稿欄を自分好みにしておきたいという意識を持っていることは間違いないでしょう。

「他人と自分との違い」を表現する場

Instagramの投稿欄を自分好みにしておきたいという意識は、Instagramが自分の存在意義を認めるための場にもなっていることの表れだと思います。

昔は、自分の存在意義を考えることはあまりありませんでした。食事や洋服、家に車に家具家電。みんなの欲しいものはある程度共通していて、それを手に入れるためにはどうすればいいかが大事でした。

しかし現代は、人生のスタートラインから、必要なものは全部用意されています。もちろん欲しいものはあるけれど、それほど強い欲求ではありません。

そうなれば、次の欲求が出てきます。**ただ生きているだけではなく、自分が生きる意味、自分をどのように表現するかを考える**ようになります。所有や出世を求めない「さとり世代」といわれるのも、そうした背景があるのではないでしょうか。

その背景には、人との違いがわかりづらくなっているということもあります。

昔はみんなそれぞれにスタートラインが異なりました。例えば新しいゲーム機を買ってもらえる家もあれば、難しい家もある。子供の頃から高級な服を着ている人もいれば、そうでない人もいます。

語弊を恐れずに言えば、いまはスタートラインにあまり差がありません。みんな同じゲームで遊んで、同じような恰好をしています。

何より大きいのは、全員スマホを持っていて、同じように情報発信が

できることです。もちろん人によってさまざまな差はありますが、機能的な部分で大きな差はないと言えます。

そうしたときに、人はどう差別化するかを考えます。これまではみんなの欲しいものがある程度共通していたから、同じ基準で自分と相手との比較をすることができました。

わかりやすいのは、学歴や働く会社、役職です。より良い大学、高い収入、肩書きなどで他人と差別化できていました。それがいまは、**人と自分を区別する基準が見えづらくなっています。**

人と自分の違いを感じづらくなっているという人は、多いのではないでしょうか。けれど少し変わったことをすれば、否定されてしまう世の中です。特に学校、会社、家庭もそうです。「個性を大事にしろ」と言われながらも、人と同じでいることを求められてしまいます。

そうした意識から、SNS の発信の上では、「自分の部屋をどう見せるのか」を考えて投稿をコレクションします。自分の顔をどう見せるかを考えて、セルフィーを撮ります。

もちろんみんなが「自分を表現するために」と考えて Instagram を使っているわけではないと思いますが、人との違いを明確にできない時代に、潜在的であってもそうした悩みを抱えた人が、**自己表現の場を探している。そのひとつとして、Instagram がある**ということだと思います。

● 人との違いがわかりづらくなっている

消費の目的は
「コミュニケーションの生産」に

> これまで、「消費」は必要なもの、欲しいものを購入することでした。それがいま、必要なものがひと通り揃う環境の中で、消費の目的は「自分に足りないものを生み出すこと」に移り変わっています。

密なコミュニケーションをしづらい時代

　SNSの発達によって、私たちは多くの人と気軽にコミュニケーションできるようになりました。従来は仲の良い友達だけで話していたのが、クラス全体、学校全体、さらにほかの学校の人ともスマホの中で話せるようになっています。

　一方で、広く浅いコミュニケーションが増えることで、密なコミュニケーションが減っているようにも思います。これまでであれば放課後に集まっておしゃべりしていたのが、家の中でLINEをしている。こうした状況を、新型コロナがさらに加速させたとも言えるでしょう。

　それに、いまはあらゆる場面でハラスメントが問題視されています。もちろん、ハラスメント対策は必要ですが、一部、行き過ぎることでコミュニケーションが阻害されている部分もあると思います。

　学校では、先生が生徒と気軽に話すことも難しくなっています。職場ではなおさらで、仕事の後の会食も強制ではなくなりました。「飲みニケーション」が本当に必要かどうかをここで考えることはしませんが、**コミュニケーションの数と質が減った**のは事実ではないでしょうか。

　少し視点を変えれば、結婚する人の数も減っています。20年前と比

べて、1人で食事をする人は増えたでしょう。両親共働きの家庭など、1人で食事をする子供たちも多いはずです。

　友達同士のコミュニケーションも減っているのかもしれません。最近、面白いカフェを発見しました。「友達の店に遊びに行ける」というコンセプトで、スタッフは役者の人たち。お店に行けば「久しぶり」と迎え入れてくれます。同じような店に行くなら、友達が店長をしている店に行くという人は多いでしょう。それに近い感覚なのだと思います。

　このように、周囲に人がいない。いてもプライベートに関わるような話をすることが少ない。そうして、**みんなコミュニケーションを欲するようになっています。**

ランチ代を削ってスタバの新作を買う理由

　多くの人が、コミュニケーションを求めている。その中で、**「消費」の目的の大部分**が、**「コミュニケーションの生産」に移り変わっています。**

　従来、消費は「必要なもの」を手に入れることでした。お腹をいっぱいにするために食べる、寒くなってきたから暖かい服を買う。もちろんそれはいまでも同じですが、生活する上で必要なものは、みんなすでに持っています。

　これまで不足を解消するために消費してきたのに、それがなくなってきた。そこで、いま足りなくなってきているもの、つまりコミュニケーションのために消費が位置づけられるようになっています。

　例えば、スターバックスの新作が出たら必ず買ってSNSに投稿する人がいます。社会人になればそれほどではなくても、中学生や高校生にとってスターバックスの商品は結構な出費です。ランチ代を節約してまで、スターバックスに行くということも多いでしょう。

　その目的は、コミュニケーションです。例えば、「スタバの新作！」や「新作の味、めちゃくちゃスイカだった」とコメントを添えてストーリーズに投稿する。それに対して友達から「それ美味しかった？」というメッセージが来る。そこから「スイカが好きなら、かなり好きだと思う！」「今度見かけたら買おうかなー、ありがとう！」とコミュニケーションが生まれていきます。

● **消費の目的は「コミュニケーション」の生産に**

もちろん、美味しい飲み物が欲しくてスターバックスに行く人もたくさんいますが、コミュニケーションのためにお金を使うという行為が広がっていることは間違いないと思います。

　スターバックスに限った話ではありません。「やっとこの映画見れた……」「それ私も見たけどやばかった！」、「かわい過ぎるミニサボテン買った」「それどこで売ってるの？」。大げさに言えば、**買ったもの、選んだものについて、すべて Instagram に投稿するような感覚**でしょう。まさにコミュニケーションの生産を目的とした消費です。

他人とのやり取りが自己表現に繋がる

　STEP3 では、自分と他人との違いがわからなくなっているという話をしました。これとコミュニケーションに対する欲求も関係しているように感じます。

　まず、自分がどんな人間なのかは、他人との比較がなければわかりません。**コミュニケーションによって、自分についてより深く知ることができます。**

　さらにその**コミュニケーションの相手が自分にとってイケてる人であれば、より自分の存在を肯定できるようになります**。例えば学生の頃、クラスの人気者や優秀な人と仲良くなることで、どこか人の優位に立つような気持ちになったということもあるのではないでしょうか。

　従来、ファンを集めるのは有名なアーティストやアイドルでした。こうした人たちとのコミュニケーションは簡単にはできません。そこからAKB48 のように、「会いに行けるアイドル」といったコンセプトが生まれました。

　さらにいまはより身近な対象として、SNS を通してコミュニケーショ

ンできるインフルエンサーが人気を集めています。

　自分の好きなインフルエンサーにDMを送って、返信があった。インスタライブでコメントに答えてもらった。そうしたコミュニケーションを取ることで、自分が認められたような気持ちにもなるのだと思います。例えば会社で普段話すことのない社長に声を掛けられたら、「自分だけ」と少し嬉しく感じる。そうした感覚に近いのでしょう。

オンラインで「イケてる人」とコミュニケーションできる

　以前、弊社のスタッフのお子さんを、会社のイベントに呼んだことがあります。昔から知っている子で、私のことを「イシカワくん」と呼んでくれます。

　イベント会場のモニターに、私が話す映像を流していました。するとその子が「イシカワくん、有名になったね」と言ってくれました。その子にとっての「イシカワくん」は、もともと身近な存在でした。それがテレビに映ったことによって、有名になったように思ったのでしょう。

　こうした感覚が、いまInstagramに移ってきているように思います。普段から仲良くしている友達でも、フォロワーが5000人くらいになったら、違う世界の人に思えてきます。

　私の話で恐縮ですが、最近街を歩いていると、本の著者だと気づかれることが多くなりました。先日、Instagramでフォローしてくれている人から「さっき、○○にいましたよね？」とメッセージが来ました。その通りだったので、「はい！　声を掛けてくださいよ」と返信したら、「読んでいた本の著者さんがいて、プライベートだし、緊張して声を掛けられなかったです」と言われました。

テレビの中の有名人と、Instagramの中の憧れの存在の大きな違い

は、**コミュニケーションが取れるかどうか**です。この場合、オフラインでは声を掛けてもらえなかったけれど、オンラインであればコミュニケーションが取れました。

　このように、いまはコミュニケーションの場が減っていて、みんな誰かとのやり取りを求めている。私の例は別だと思いますが、特に**自分にとってイケてる人とのコミュニケーションが、他人との違いを見出すことにも繋がる。**その上で、インスタはとても有効なツールになるのです。

● 「イケてる人」とのやり取りが自己表現に繋がる

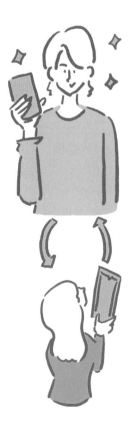

普段味わうことのできない「刺激」が欲しい

「なんか、毎日同じような日々だな」と感じることはないでしょうか。生きていく上で、特に困ることはない時代。多くの人が、普段の生活にはない「刺激」を求めるようになっています。

「渇き」のなくなった時代

　ここまでにもお話ししているように、**現代はさまざまな商品やサービスを比較しても、あまり差がありません**。家電を買ってもそれほど大きな性能差はありませんし、たいていの飲食店で美味しい料理を食べられます。

　映画やドラマ、バラエティーなどを見ても、代わり映えしないように感じてしまいます。番組について誰かと会話するために見ることはありますが、その場合もある程度内容がわかればいいので、早送りで視聴する人が増えています。「タイパ」という言葉が流行っているように、コンテンツを丁寧に見るよりも、効率良く内容を知ることが重視されるようにもなっています。

　何かを買う上で、「美味しいから」「便利だから」「優れているから」が選択の理由にならなくなっています。そうした中で、人が本来持つ「渇き」のようなものを求める心理が生まれているように感じます。

　食事で言えば、人によって差があるとは思いますが、ある程度自分の好きなものを食べることができます。どれもそれなりに美味しいので、よほどの高級料理でない限りは「うわっ！　めちゃくちゃ美味しい！」とはなりません。

以前、少し寝坊をして、朝食を食べずに仕事に出たことがあります。どこかで食べようと思っていたけれど、時間がありませんでした。その日は移動が多くて結局昼食も食べられず、ずっとお腹の減ったまま仕事が終わりました。その後よく行く焼き肉屋で食事をしたのですが、ようやく食べた焼き肉を、とても美味しく感じました。

　こうした波を、自分でつくることも難しいですよね。夕食を美味しく食べたいからと毎日昼食を抜くわけにもいきません。必要なものが当たり前に手に入る環境にいることで、**興奮や感動を覚えることが難しくなっている**。多くの人が、そうしたものを求める気持ちを持っているのではないでしょうか。

人間本来の欲求が満たされなくなっている

　現代では、機能的には同じような商品・サービスが揃っていて、「これが欲しい」というものは少なくなっています。そうしたときに**何にお金を払うのかの基準を簡単に言えば、「刺激が欲しい」ということ**ではないでしょうか。

　地方に住む人が、ときどき都会に買い物に行く。逆に都会に住む人が、自然に魅力を感じる。キャンプやサウナが流行っているのも、一種の不便さやリスクを強制的につくるという意識があるのだと思います。

　あるいは、古着を発掘するのも近い感覚かもしれません。用意されたものではなく、たまたまの出会いを求めることに楽しさがあります。

　こうした刺激は、人間の生活の中に本来的にあったものだと思います。それが機能的なものが揃い過ぎたことによって、何を選んでも同じになりました。生活に不自由はなく、変化も起きづらい。

　そうして、**「なんだか変化のない毎日だな」「自分が人間っぽくなくなっ**

ているな」と感じる人もいるのではないでしょうか。そうした心理から、いつもとは違う刺激を欲しがるようになるのだと思います。

　その一端として、インフルエンサーに刺激を求める、という部分があるのではないでしょうか。自分たちのいる世界とは少し違う場所にいて、変わったことをしている人たち。そこから自分の生活にはないものを見ることで、表面的ではあっても欲求を満たしています。

● 「インスタの中」に刺激を求める

加えて、STEP4 でもお話ししたように、自分にとってのイケてる人とのコミュニケーションが取れれば、大きな刺激になります。その点、Instagram では相手が憧れのインフルエンサーでもコミュニケーションを取りやすい。これは普段味わうことのない刺激でしょう。Instagram は刺激が欲しいという欲求を満たすツールでもあるのです。

STEP
...
6

"推し"との交流が
インサイトを満たす

Instagram 運用に限らず、消費者がどんなものが欲しいかを理解することは欠かせません。ただし、それは時代とともに変化します。ここでは、現代の人たちが持つ「インサイト」を整理します。

3つのインサイト

本章では、現代の人たちがどんなことを欲しているのかを考えました。改めて整理すると、次の3つです。

現代の人たちのインサイト

①自分の存在意義を認めたい
②コミュニケーションを取りたい
③刺激が欲しい

本書のノウハウも、これらのインサイトを満たすことを前提にお話ししていきます。

3つのインサイトを満たす方法をひと言で言えば、本書のテーマである"推し"の存在です。**"推し"とは、友達に限りなく近い、憧れの存在**です。自分とは少しだけ遠い世界に住んでいるけれど、コミュニケーションが取れる。そして、話せば嬉しくなる相手です。

自分の存在意義を認めるために、人とは違うことをしたい。**自分だけがイケてる人とコミュニケーションを取っているという感覚が、他人と**

自分の違いを感じさせてくれます。

その点で、SNS上での"推し"であれば、コミュニケーションを取ることが容易です。特にInstagramはインタラクティブなツールです。インフルエンサーでも、直接知らない相手からのDMに返信する人は多いですし、インスタライブでリアルタイムな交流もできます。

AKB48が爆発的に人気を集めたのは、やはり「会いに行ける」というコンセプトが大きかったのだと思います。実際に会ってサインをもらったり握手できたりする。さらに名前を覚えてもらえる。その実現のハードルを下げることが、Instagramというツールの最大の魅力です。

そして、"推し"の投稿を通して自分の生活にはないものを見ることで「刺激」を得る。何より、推しとのコミュニケーションが大きな刺激になります。

例えば、友達同士で食事に行ったときに自分だけ店員さんに名前を覚えてもらっていた、あるいは道で偶然出会ったときに声を掛けてもらったということだけでも嬉しいのではないでしょうか。

「イケてる人」だけが推しになるわけではない

イケてる人とのやり取りがインサイトを満たすと考えると、"推し"になろうとすることはハードルが高いように思えます。しかし、"推し"になるために、必ずしもイケてる人でなければいけないわけではありません。正確に言えば、**限られた部分でイケていればいい**。たくさんの人が好きではなくても、自分にとってイケてる人であれば"推し"の対象になります。

ほかの部分が平凡でも、ある部分だけ人より優れていることで人気が集まることがあります。例えば趣味のランニングコミュニティがあって、

お互いにプライベートや仕事のことはよく知らない。その中でランニング経験が人より長く、タイムも早い人が人気者になる。普段はどんな人か知らないのに、そのコミュニティの中ではイケてる人になるわけです。

　SNSで発信する企業やインフルエンサーたちも、大きな市場で勝負するのではなく、自分たちが優位になれるコミュニティを見つけています。自分のビジネスについて詳しければ、それだけで"推し"の対象にはなり得ます。

● "推し"の最大の条件はコミュニケーションできること

芸能人や有名人との関係性
基本的に一方通行
コミュニケーションは滅多に生まれない

"推し"との関係性
リアル、SNS含め
コミュニケーションができる

それに、**セグメントされたコミュニティであれば、イケてる人との距離も近くなる**。例えば全国的に有名なチェーン店の経営者より、街中のカフェの店長のほうが、コミュニケーションは取りやすくなります。その関係性がつくられることで、応援しようという気持ちは、より強くなっていきます。

第 2 章

Instagram でしか
伝えられないこと

"推し"になるための
3つの条件

> ここから、お客様の、あるいはこれからお客様になってくれる人の"推し"になる方法を考えていきます。まずはどんな条件が揃えば"推し"にしてもらえるのか、3つの条件を見てみましょう。

"推し"になることで得られるもの

　"推し"は「友達に限りなく近い、憧れの存在」です。そうした相手には、「私が応援してあげたい」という気持ちになるのではないでしょうか。推してくれる相手が商品やサービスを購入してくれることはもちろん、ビジネスのアドバイスをもらえることもあります。

　そうして、自分の好きな人から商品やサービスを買ったら、誰かに自慢したくなります。**"推し"にしてくれた人から、周囲に拡散してもらうことができます。**

　何より、**「買って終わり」ではなく、長い時間軸を持った関係性を築くことができます。**長く応援してくれる人がたくさんいれば、そのぶんビジネスは安定していきます。売り上げが上がるということだけではなく、その繋がりがビジネスをすることの本質的な喜びなのではないでしょうか。

　このように、"推し"にしてもらうことで、ビジネスはより安定し、精神的にも喜びを感じる関係性を築くことができます。

　では、どうすれば"推し"になることができるのか。まずはその条件をお話しします。

①過去と現在を知っている

"推し"の条件の1つ目が、過去と現在を知っていることです。

　まず、単純な話ですが、初めて会った人と昔からの知人を比べたとき、後者のほうを応援したくなるのではないでしょうか。友人でも同僚でも恋人でも、**仲良くなるためには一緒に過ごした時間が必要**です。

● "推し"の条件①　過去と現在を知っている

ビジネスの場合、長い時間知人であるということが難しくても、昔からの出来事を知ることが必要です。例えば、こんなことが考えられます。

　過去と現在を知っている例
　・いま、どんなビジネスをしているのか
　・なぜそのビジネスを始めたのか。最初はどんな状態だったのか
　・どのようにビジネスを成長させていったのか

　こうした点で、Instagram は便利なツールです。過去の情報はフィードやリールに残りますし、どんなアカウントかをハイライトにまとめておくことができます。「いま」どんなことをしているかを伝えるためには、ストーリーズやインスタライブが有効です。この点について、詳しくは第5章でお話しします。

②本当の姿を知っている

　相手の過去と現在を知っている。その上で、応援したくなるためには、それが「本当」の姿であることが必要です。

　例えば、テレビで発信されている情報を虚構だと感じることはないでしょうか。女性俳優が「美容なんて何も気を使っていません」と言っていても、みんな「そんなわけはない」とわかっています。バラエティー番組を見れば、トーク番組や「ドッキリ」など、予定調和につくられたものも多い印象です。
　現代の消費者は、つくられた世界にあまり興味が湧きません。本当のことを知りたいから「○○の裏側」やドキュメンタリーなどのコンテンツが人気になるのだと思います。

相手を推したいという気持ちになるためには、**見ている姿と現実が紐づけられることが大事**です。その点、芸能人はもちろん実在する人物ですが、実態はわかりません。簡単な例では、プロフィールに「身長165cm」とあっても本当かどうかはわからないでしょう。

現代は生き方もどんな発信をするかも人それぞれで、これまでのように決められたかたちがなくなっています。AI の登場によって現実世界と虚構の世界の境目もわかりづらくなり、AI のほうが信用できる世界が来るかもしれません。

そんな状況で、相手の実態を認識できる条件は、実際にコミュニケーションができることです。

実態を認識できるコミュニケーションの例

・お店で会話をする
・Instagram の DM でやり取りする
・インスタライブでコメントに答えてもらう

プレゼンをするとき、提案資料の最初に会社の沿革やビジョンを掲載することがありますが、同じような効果を得る目的もあるでしょう。

人は正体がわからないものに、恐怖や不安を感じます。**実際にどんな人間かを知るためには、話してみるしかありません**。そうして話してみれば、それまで得体の知れないものだった存在を、1 人の人物として理解できるようになります。

● "推し"の条件②　本当の姿を知っている

③相互性がある

　"推し"の条件の3つ目は、相互性があるということです。

　ここでいう相互性は、**お互いの発言や行動が何らかの影響を与え合うこと**です。

　友人関係で考えれば、ただ同じクラスで過ごした人よりも「大学どこに行く？」「それって何がしたいから？」「将来どうなりたい？」といったことを話し合ったことのある関係性のほうが、強い友情を感じるのではないでしょうか。**自分の言動が相手の考え方や行動に影響を与える、**

あるいは与えてくれるという経験は、より強い関係性をつくります。

これをビジネスの中で考えると、こんなことが考えられます。

相互性の例

・どんなメニューにするか、一緒に話したことがある

・お互いの誕生日を祝ったことがある

・お店の人に相談に乗ってもらったことがある

● "推し"の条件③　相互性がある

Instagramで考えると、例えばストーリーズでのアンケート機能です。STEP18でも触れますが、私たちが運用する「レシピノート」というアカウントでは、新商品の開発についてフォロワーからアイデアを募りました。フォロワーからすれば、自分の提案によって商品が決まるというように、自分の行動が相手に影響をもたらすことになります。

有名人が推しになれないわけではない

　ここでは、"推し"という概念をわかりやすく説明するために、芸能人や有名人と比較して説明していますが、有名人が"推し"になれないわけではありません。インフルエンサーを突き詰めていけば、芸能人になる可能性だってあります。

　これは単純に媒体の差です。テレビはあくまで公共のもので、公的なものしか報道できないなど、いろいろなルールがあります。言ってもいいことと悪いことの差が大きいからこそ多くの番組では台本があって、つくられたものになるのだと思います。
　もちろん、予定調和が好きな人もいて、いろいろと考えることなく楽しめるといったメリットもありますが、現実との紐づきが弱くなるのは避けられないでしょう。

　一方で、SNSでは基本的に演じる必要がありません。芸能人がインスタライブをやっていれば、そこに現実との紐づきが生まれます。
　ほかにも、芸能人のオフィシャルアカウントをスタッフが管理しているのであれば実態はわかりませんが、本人がやっていることがわかれば、"推し"の対象になると言えます。
　それに、これまで有名人との直接のコミュニケーションは難しいことでしたが、いまはSNSを通してコミュニケーションができるようになっ

ています。アイドルでも DM に返信したり、インスタライブをしたり
することもあります。

　このように、「有名である」ということと、「推しである」ということ
は矛盾しません。100 万人のファンがいる人は応援せず、1 万人であれ
ば推すということはないでしょう。もちろん逆も同じ。フォロワー数が
少ないから推さないということもありません。
　**ここで説明した3つの要素があれば、どんな人でも誰かの"推し"にな
ることができる。**そのための発信法について、考えていきましょう。

みんな Instagram で コミュニケーションしている

> 「Instagram で友達と連絡を取り合う」と聞いて、上の世代の方は意外に思うのではないでしょうか。若い世代にとって、Instagram は近況報告や気軽なおしゃべりの場にもなっています。

投稿を通して友達の日常を知る

　ほかの SNS と比較した Instagram の大きな特徴は、友達の日常を見ることができるツールであるという点です。

　若い世代の多くは、「クッキーをうまく焼けた」「今日は大阪出張!!」といった**日常の些細な出来事を頻繁に投稿**します。さらに、「結婚しました」「ついに念願のマイホーム完成」といった生活が大きく変わるような出来事も報告することがあります。

　上の世代の方も、友人に「こんなところに行ったよ」と、LINE で画像を送ることがあるのではないでしょうか。Instagram では、それをみんなへ向けて同時にできると言えます。

　フィード、ストーリーズ、リール、インスタライブといった投稿の種類の中でも、日常的な投稿はストーリーズがメインです。ストーリーズは投稿してから 24 時間で消えるため、心理的なハードルが低く、手軽に投稿できることが影響しているのだと思います。

　Instagram 上でフォローしている人のストーリーズは、ホーム画面に自動的に表示されます。**普段から Instagram をチェックする中で友達の近況を知ることが当たり前になっています。**

　また、特にフォロワーが多いというわけではない人でも、インスタライブをすることがあります。たくさんの人が集まるわけではなくて、見

● インスタを通して友人の近況を知る

ているのは5人だけ。つまり、誰かに見せたいわけではなく、みんなで
おしゃべりをしている。これまでは**リアルの場でしていたことを、オン
ラインでするようになった**ということだと思います。

　私たち以上の世代であれば、インスタライブをするのはインフルエン
サーだという発想になりがちです。すでにそうした感覚も古くなってい
るのでしょう。

　もちろん、ほかのSNSでも誰もが投稿できますが、まず、投稿のハー
ドルが高い。**友達の中でTikTokやYouTubeに投稿している人は少
ないのではないでしょうか。**

　それに、YouTubeやTikTok、Twitter（現・X。以下Twitter）は、イ

ンフルエンサーの投稿を見る目的で使っている人が多いと言えます。一般人の日常的な出来事が投稿されても見る人は少ない。当然、これらのプラットフォームではそうした投稿が少なくなります。投稿を見て友人の近況を知るということは、ほかのSNSでは難しいでしょう。

チャットツールとしても主流に

Instagramはチャットツールとしても主流になってきています。これまで、チャットツールといえばLINEをイメージする人が多いと思いますが、Z世代は**「LINEを交換しよう」ではなくて、「インスタを交換しよう」**と連絡先を交換します。

STEP4でお話ししたように、みんなコミュニケーションのきっかけを欲しがっています。しかし、LINEで急に「久しぶり」と連絡するのは気が引ける人が多いでしょう。何か用事があればいいですが、わざわざ連絡が必要なほどの用事もそうそうありません。

その点、Instagramであれば、友達の投稿を見て「あ、私も先週そのお店に行った」といったように、コミュニケーションが起こりやすいと言えます。

グループチャットなどLINEのほうが利便性の高い機能もありますが、1対1のコミュニケーションはインスタのほうが気軽にできる。1991年生まれの私の世代でも、知人とのやり取りがLINEとインスタ両方になることがよくあります。

このように、**Instagramはみんなが欲しがっているコミュニケーションを生み出しやすいツールであり、その相手がインフルエンサーであっても、比較的簡単に繋がることができます。**このことが、フォロワーと繋がるためのツールとしてInstagramが有利であることの、第一の理由になります。

なぜ、Instagram は
マーケティングに有利なのか

> 本書では、Instagram を通してユーザーの"推し"になる方法を解説していますが、その目的に限らず、そもそも Instagram は、マーケティングツールとしてとても有用です。7つの側面から考えます。

①ファンになってもらいやすい

　Instagram がマーケティングに有利な理由の1つ目が、フォロワー数が少なくても、たくさんの人にファンになってもらえる可能性が高いという点です。

　YouTube や TikTok、Twitter でユーザーがチェックするのは、主にインフルエンサーの投稿です。一概には言えませんが、定期的に投稿を見てもらうためにはある程度以上のフォロワー数が必要です。フォロワー数の少ない人がたくさんの人に好きになってもらうことは、難しいと言えます。

　一方で、Instagram は友達の投稿をチェックするためのツールです。特に若い人は、友達の日常を確認したり、友達との DM をしたりすることがメインなのではないでしょうか。

　そのため、Instagram のホームタブに並ぶのは、大半が友達の投稿です。その同じタブの中にフォローしているインフルエンサーや企業の投稿があることで、友達の投稿を見る感覚でそれらの投稿もチェックする。そうした構図のため、**フォロワーが少なくても投稿を見てもらいやすい。**そうして、伝えたい情報を知ってもらうことができます。

②コンテンツ消費のハードルが低い

SNS のコンテンツを見るとき、コンテンツ量が多過ぎると、消費するのが大変になってきます。例えば YouTube の動画を 1 本見ようと思うと、ある程度の時間やモチベーションが必要ですよね。

逆に、Twitter などは簡単に見ることができますが、発信者側としては伝えらえる情報量が限られます。

その点、**Instagram の投稿は基本的に画像で、感覚的に理解できます**。より詳しい情報を伝えたいときには、キャプションで説明もできます。また、知ってほしい情報をハイライトにまとめて、フィードやリールから誘導することもできます。

Instagram はユーザーにストレスを掛けずに伝えたいことを伝えられる、ちょうどいいコンテンツ量を投稿できるツールだと言えます。

③フリークエンシーが高い

上記とも重なりますが、Instagram の投稿は基本的に画像です。**動画やテキストに比べて情報処理が早く、内容を理解しやすい**。そのぶん、ユーザーは限られた時間の中で多くの投稿を認識できます。

また、Instagram のユーザーは、フォローしているアカウントがどんなアカウントなのかを、普段から認識していることが多いと言えます。

上述したように、ホームタブに並ぶものの多くは友達の投稿です。その中に知らない人の投稿があったら、違和感を覚えるのではないでしょうか。「これ、誰だっけ」とプロフィールページに移動して確認をし、「ああ、あのときフォローした人だ」とアカウントを認識します。

こうした理由から、**Instagram では「このアカウントの投稿は前に
も見たな」という意識に繋がりやすい**と言えます。

「単純接触効果」といわれるように、接する機会が多いほど、相手に好
意を抱きやすいという心理があります。フリークエンシー（接触頻度）
の高さも、Instagram のメリットです。

④インタラクティブ性が高い

Instagram は普段から友達とのコミュニケーションのツールとして使
われていますし、チャットツールとしても LINE と同等以上に普及して
います。さらにストーリーズを通して日常を知ることで、DM のきっか
けになりやすい。加えて、インスタライブでリアルタイムにやり取りを
するといったような使い方をされます。

こうした使い方は、ほかの S N S では難しいでしょう。インタラクティ
ブ性の高さは、Instagram の大きなメリットだと言えます。

⑤前後の文脈を追いやすい

ユーザーが SNS の投稿に興味を持ったとき、どんな人の発信なのか
を知りたいと思っても、その投稿だけではわかりません。同じアカウン
トの過去の投稿も合わせて見ることで、どんな人なのかを理解していき
ます。

この点で、Instagram はほかの SNS よりも有利です。

・YouTube では、動画を最初から最後まで見なければ、内容が理解で
　きない。また、基本的に長尺の動画を見なければいけない
・TikTok はレコメンド欄の投稿を見るのが主な使い方で、個人に
　フォーカスが当たりにくい。動画の早送りもできず、内容の理解に

時間がかかる

・Twitter は短文とはいえ、読むのに時間がかかる。バラバラな内容の投稿を、いくつも読んでいかなければいけない

　こうした点で、まず Instagram はそのアカウントの投稿を画像で一覧できます。プロフィールページに「どんなアカウントなのか」を説明するハイライトを入れることもできる。**発信者がこれまでどんな投稿をしてきたかを追いやすいツール**だと言えます。

⑥ UGC の信頼性が高い

　現代では、商品やサービスはどれも高機能になっています。例えば健康、美容、ダイエットに関わる商品を買おうと思っても、機能的に優れたものばかりで違いを理解するのが難しい。とはいえハズレも多いし、高価なものもあります。

　それに、インターネットでは多くの広告が表示されます。表面上は通常の記事に見えても、元をたどっていけば企業が発信しているものが多い。

　普段目にする記事の多くが「売るため」の意図が含まれたものであることを、ユーザーは気づき始めています。私たちが行ったアンケートでも、**多くの人がネット検索の情報を信頼していないという結果が出ています。**

　一方で、**Instagram の投稿は「個人の意見」**です。友達に向けて「これ即効性すごかった。ちょっと高いけど」とシェアします。広告投稿もありますが、その場合は「タイアップ投稿」と表示されます。

　現代のマーケティングでは、UGC (User Generated Contents：企業ではなく、一般ユーザーによって制作・生成されたコンテンツ)がとても

重要視されています。**ユーザーは、無意識であっても Instagram の
投稿がリアルで忖度<small>そんたく</small>のない情報だと認識しています。**こうした信頼度の
高さが、強い UGC を生んでいきます。

● 人は「個人の意見」を信用する

企業に直接売り込まれても
不信感を覚えてしまう

損得関係のない人の
発信を見て信頼する

⑦ " 商売っ気 " を感じさせない

　Instagram マーケティングでは、いわゆる " 商売っ気 " が出づらいというメリットがあります。

　例えば、「稼いでいるユーチューバー」と言われれば、誰でも何人かの名前を思いつくのではないでしょうか。一方で、「稼いでいるインスタグラマー」と言われて、具体的に名前が出る人は少ないと思います。**Instagram は、ビジネスという世界から少し隔離されたイメージがあります**。これは「友達と繋がるためのツール」というプラットフォームとしての立ち位置が理由でしょう。それぞれの投稿は、基本的に実在する個人のリアルな情報です。

　メディアでは「ユーチューバーが稼いでる」「YouTube がこんなに盛り上がってる」といった発信をよく見かけます。だからみんな「稼げるのは YouTube」というイメージで認識しているのですが、マーケティングツールとして、Instagram も十分有効です。

　まず、上述したように UGC の信頼性が高く、**「友達や自分の好きなインフルエンサーが勧めるから買う」という意識を引き出すことができます**。

　その関係性を生かして、いわゆる **「教育」も行いやすい**。投稿を通して、商品やサービスの魅力を断続的に伝えていくことができます。

　実際に、Instagram では強い影響力を持っているインスタグラマーがたくさんいます。YouTube の場合は主に広告収入で、登録者がたくさんいなければ稼ぐのが難しくなりますが、Instagram では、それまでビジネスをやってこなかった主婦の方がアフィリエイトを始めて半年で月 100 万円稼ぐといった例がたくさんあります。

インスタはすでに現代のインフラに

　次の章から、"推し"の条件や、"推し"になるための投稿、またそのことをビジネスでの成果に繋げる方法について述べていきます。

　その上で**何より大切なのは、本章でお話しした、人々の消費行動の変化やインサイトを理解すること**です。自分たちがターゲットとする人が、「何を求めて、どんなことに時間を使っているか」「社会とどうコミュニケーションを取っているか」を考えましょう。

　そこに隠されたインサイトや、インサイトが生まれた理由を理解しなければ、マーケティングは難しいのではないでしょうか。

　もちろん、Instagram でこれらのインサイトをすべて満たせるとは言いません。ただし、Instagram が現代において最も有利なツールのひとつであることはわかっていただけると思います。そうしたとき、ターゲットとなり得る人たちが「なぜ Instagram を使っているのか」を説明できない人が、どれだけ Instagram の機能を知っていてもどうにもなりません。

　一方で、Instagram でのマーケティングについて否定的な理由として、「インスタマーケって、いまさらやっても難しいんじゃない？」といった言葉も聞こえてきます。すでにたくさんのフォロワーを持つ人がいて、後発で始めても意味がないのではないか、ということですね。

　しかし私は、**どんな分野においても「先行者利益」という考え方に疑問を持っています。**

　先行者は、攻略法がない状態で、自分で試行錯誤しながらやっていきます。後発者は、そこで出来た波に乗ればいい。基本的な手法はすぐに調べることができて、そこに自分なりのやり方を加えることでさらに有

利になっていきます。

　そうして後発者が生みだすノウハウもたくさんシェアされる中で、攻略法はどんどんアップデートされていきます。つまり、常に新しい情報を吸収してノウハウをアップデートしなければいけないのは先発も後発も一緒。その中で後発者は基本的な情報を持った状態でスタートできるわけです。

　もちろん、フォロワーを増やすことがどんどん難しくなっているとは思います。しかし、そこであきらめる人が多いぶん、空いたスペースも出来てくる。**ビジネスの土俵として、もう一度Instagramがブルーオーシャンになる**と私は考えています。

STEP
10
Instagram は
巨大なショッピングモールに

Instagram は、どんどん進化を重ねています。特に注目したいのが、「ショッピング機能」。これからは、ショッピングツールとしても注目されるはずです。Instagram の未来図を描いてみましょう。

リアルなレビューを画像付きでチェックできる

Instagram には「ショッピング機能」といわれる機能があります。

投稿画像に商品タグが付けられていて、ユーザーはそれをタップすることで、ネットショップに移動できます。そこでは商品の説明やほかのお勧め商品などが案内されます。

● 投稿に付けられた商品タグ

また、「ショップを見る」をタップすると、ネットショップのように商品を一覧で見ることができます。

● ネットショップのように商品をチェックできる

　こうした入り口から商品を購入したユーザーが、周囲に勧めたいと思えば自分の投稿にタグ付けして商品を紹介しています。そうして情報が拡散していきます。

　これはつまり、**ECの各商品に写真付きの口コミが載っているという状況**です。Amazonなどのレビューは基本的に匿名です。商品説明の欄に載っているのは、その企業が用意した画像で、実際の使用感などはわ

かりません。

　対して、**Instagramでは口コミの発信者が明確であり、「やらせ」や「広告」ではなくリアルな評価**だということがわかります。それに、画像が投稿されることで、情報量も多くなります。実際に購入した人がどんな使い方をしているか、あるいは服のフィッティング感などもわかります。

Instagramの中でシームレスに購入できる

　このように、Instagramのショッピング機能は信頼度が高く、購入のプラットフォームとしても進化していくと考えています。

　ただし、いまのところInstagramの中でショッピングが完結するものではありません。商品の説明を見てネットショップに移動することはできるけれど、決済機能は外のシステムを使うことになります。

　すでにFacebook Pay(現在は「MetaPay」)という決済システムが始まっています。恐らくこの本が出る頃には、決済も含めてInstagram内でのショッピングが可能になります。日本では法律上の問題などで少し遅れることも考えられますが、いずれは導入されると予測しています。

　インスタ内決済が可能になったら、購入のために別ページに移動させる必要がなくなり、より簡易にショッピングができます。そして商品をシームレスに購入できるようになると、次に起きるのがライブコマースの実現です。

　例えばインスタライブで新商品の洋服を紹介します。画像では伝わらない情報も、映像であればより詳しく伝えることができます。それに、見ているユーザーがサイズ感や素材感を知りたいと思えば、コメントで質問できます。

ここまでは現状でもできますが、実際に購入する際は、いったんインスタライブから離脱して、プロフィール欄の「ショップを見る」をクリックしなければ、ショッピングページには移動できません。仮にインスタライブで３つの商品を紹介していたら、自分の目的の商品をそのページから探すことになります。

　その点で、私たち SAKIYOMI ではユーザーが「商品Ａが欲しい」とコメントすればその商品のページに移動するリンクを送れるシステムを提供しています。
　これからは、こうした点がもっとスムーズになるでしょう。ライブを見ながら購入することも、その後に検討してから買うことも容易になる。リアルなお店と同じようなやり取りが、オンラインでもできるようになるのです。

● **インスタ内で売買が完結する**

Amazon を超える EC プラットフォームに？

　近い将来、Instagram でのショッピングはとても便利になっていきます。販売する側にとっても、とてもビジネスをしやすくなるでしょう。

　何よりも、本当の意味での繋がりが提供されることになります。これまでのように企業から顧客への一方通行のビジネスではなく、企業と顧客が相互性を持った関係性の中で商品やサービスが提供され、嘘のないレビューが生み出されていきます。

　さらに Amazon でもあるように、ASP（Affiliate Service Provider：企業とアフィリエイターを仲介する役割）のようなシステムが整備されれば、誰でも自分が良いと思うものをお勧めすることで、収入を得ることができる状況にもなります。

　そこにあるのは、**広告や過度の売り込みのない、巨大なショッピングモール**です。Amazon と比べて物流面に差はありますが、そこさえ押さえれば Amazon を越える EC になる可能性もあるのではないかと考えています。

第3章

消費者の「買う理由」 をつくる

"推し"を通して
バズが生まれる

現代のマーケティングで、必ず押さえておかなければいけないことのひとつに、「消費者が購買の比較検討をしなくなっている」という点が挙げられます。人々の購買行動の変化を捉えていきましょう。

情報収集は受動的な行動に

　従来、「4大マスメディア」といわれるように、情報収集の方法といえばテレビ・ラジオ・新聞・雑誌が主体でした。これがいまは、Instagram をはじめとした SNS に移り変わっています。

　こうした変化は誰もが感じることだと思いますが、単純にツールが変わったという認識だけでは不十分です。**そこで生まれている消費者の意識の変化に、目を向ける必要がある**のではないかと思います。

　テレビを見るということは「能動的」な行動です。テレビの前に座り、電源をつけなければいけません。さらにどの番組が面白そうか、何時まで見て次にどのチャンネルに変えるか、といったことまで自分で判断しなければいけません。

　一方で、**SNS での情報収集は「受動的」な行動**です。スマホには、ユーザーの視聴履歴などから、個人に合わせてレコメンドされた投稿が表示されます。さらに一定時間アプリを開かなければ、通知が来ることもあります。

　これを言い換えれば、自分で探さなくても欲しい情報が集まってくるということです。さらにどんな投稿をレコメンドするかというアルゴリズムはどんどん進化し、ユーザーにとってより便利なものになっていま

す。

　こうして、人々には情報を得るためのアクションや判断が求められなくなっています。いちいち考えなくても必要なものが手に入る。これは脳にとってはとても"楽"な状態であり、脳は楽なほうへと流れていくといわれます。こうして、**自分で情報を集めようという意識はどんどん少なくなっています。**

● 媒体による情報収集の姿勢の違い

テレビ：能動的

自分でどんな番組が見たいのかを
判断して見る

SNS：受動的

自分に最適化された情報が
自動的に集まる

「買うもの」を比較検討しなくなっている

　ここまでにもお話ししているように、サービスや商品について、私たちが欲しい機能はだいたい充足していて、その情報も簡単に集まるようになっています。そうした状況では、購入のために丁寧に比較検討することがなくなっていきます。

　何かを買うときに、複数のお店のチラシを見て、インターネットでも調べて、それぞれの機能や金額を比較して買う。趣味のものなどであればそういうこともありますが、生活必需品や飲食料など、日常的に必要なものをそこまで検討するということは少ないのではないでしょうか。

　こうした変化は実際の購買行動にも表れています。多くの Instagram ユーザーは、普段、**自分へのレコメンドをチェックしながら、自分の好きなアカウントや気になるジャンルの投稿を保存**しています。

　Instagram では、保存した投稿をパソコンのデスクトップのようにフォルダ分けすることができます。例えば「HAIR」「コスメ」といったように目的別にコレクションし、実際に購買行動に移るときには、その中から選びます。

　特に「F１層（20〜34歳の女性）」と呼ばれる人たちは、商品やサービス購入のための情報収集として、Instagram の保存機能を活用しています。上の世代の方が見ると、驚くのではないでしょうか。

　何を選んでも大きな差はなく、自分にレコメンドされた情報の中から買うものを決める。ビジネスをする側としては、こうした状況で自社のサービスや商品を選んでもらえる理由を考えなければいけません。

　自ら比較検討しない人たちに対して、どう発信していくか。その有効な手段が"推し"になることです。

● ユーザーは普段から自分の欲しいものを保存している

　近年よく聞く言葉ですが、現代は「何を買うか」ではなく、「誰から買うか」が大事です。同じものを買うなら、"推し"から買いたい。その"推し"になる方法を第4章、第5章でお話ししていきます。

　能動的に情報を集めることは少なく、スマホの中に流れてくる情報を保存し、購入するときにはその中から選ぶ。いわゆる**「バズ」が商品のヒットに繋がっていきます。**

　Instagram でのマーケティングからヒットした商品のわかりやすい例が、「BRUNO」のホットプレートです。

　BRUNO のホットプレートがほかのメーカーに比べて飛び抜けて便利というわけではないと思います。もっと高機能な商品はほかにもあるでしょう。

　ではなぜ売れているかというと、まずはデザインです。高機能であっても、角張ったデザインやハッキリした色使いなど、オシャレではないホットプレートはたくさんあります。

　BRUNO がいわゆる "インスタ映え" をするデザインであることから、みんながこの商品を使って料理をしている様子を投稿します。その投稿を見た人がまた、「いいな」と感じて購入する。SNS 上でそうした拡散が起きることは、もともとこのメーカーが狙ったマーケティングなのだと思います。

　こうした拡散についても"推し"を通して引き起こすことができます。

　例えば自分の好きなブランドの服を買ったら、それを着て外に出たくなりますよね。同じように "推し" から買ったものであれば、世の中に知らせたくなります。買った人が周囲にシェアすることで、世の中に広まっていきます。

　さらに、そうした "推し" にしてくれる人が増えることで、拡散効果

がより高まっていきます。

　心理学に「バンドワゴン効果」という言葉があります。これは**盛り上がっているものを見ると、実質以上に支持されているように見える**心理の働きを指します。

　例えば、ある時間にラーメン屋の前を通り掛かると10人並んでいたとします。それだけで、すごく美味しいお店のように思えるのではないでしょうか。実際には、たまたまその時間に人が集まっただけ、ということも考えられます。

　"推し"についても同じことが言えます。5人でも10人でもいいから、自分たちを推してくれる人をつくる。**Instagramの投稿に「この商品買いました！」というコメントが5件来ていたら、それを見た人は「あのアカウントはファンが多いな」と受け取ってくれます**。そうして、より多くの人の目に触れるようになります。

　さらにその拡散を通して、**お客様と"推し"とのコミュニケーションが生まれることもあります**。自分の商品やサービスを拡散してくれる人がいたら、やはり相手を知りたくなったり、お礼をしたくなったりします。そうしてお客様をフォローしたり、DMでメッセージを交換したりする。ユーザーは"推し"を身近に感じることで、応援する気持ちがさらに強くなっていきます。

STEP
...
12

一般化されたものに
価値はなくなる

「良いもの」が溢れる現代では、機能面の魅力を伝えることは難しくなっています。どれだけ高機能なものを作っても、似たような商品はほかにもある。どのように差別化を図ればいいのでしょうか。

小さな企業が大企業と勝負できる時代

　あらゆるものが揃い、不足するものがない時代。多くの部分で機能的な部分は充足していて、どれだけ良いものを作っても機能的便益では差別化できません。例えば、3000円の電子レンジと2万円の商品を使い比べたところでそれほど大きな違いはない、と感じることがあるのではないでしょうか。

　これまで多くの企業は、機能的便益を追い掛け続けていました。例えばボールペンを「スムーズな書き心地」「インクが途切れない」と売る。しかしいまは、書き心地が良くインクの切れないボールペンはどこにでもあります。

　さらに、**マーケティングの目的も自社の商品やサービスを大多数の人に知ってもらうためのものでした。**たくさんのものを作って、たくさんの人に売る。一般化された価値をより多く届けるのが、これまでのビジネスのかたちでした。

　そして、より高機能なものを作るためにはR&D（Research & Development：研究開発）への投資が重要です。そのため、R&Dにお金をかけられるような資金力の大きな企業ほど、これまでのビジネスでは有利に立つことができていました。

しかしいま、こうしたビジネスのハードルは低くなっています。

その変化を象徴する例が、エナジードリンクの「レッドブル」です。レッドブルは原材料の種類や配分量を公開しています。極端な話、それらの情報から誰でも同じものを作ることができます。

しかしレッドブルには、物語があります。CMなどを通して世界観が発信されることで、「アクティブになりたいときにはレッドブル」というイメージをみんなが持っています。

● **消費者が求める価値の変化**

従来　　　　　　　　　　　これから

安さや機能面など
「商品の魅力」を訴求

商品の背景にある
物語や思いを伝える

美味しい！

安い！

第3章　消費者の「買う理由」をつくる

従来は認知度の高い企業が大規模に一般的な価値を出していたところから、それを誰でも真似できるようになった。そこから**提供すべき価値は、商品の背景へ移っています。**

消費者の「審美眼」が磨かれている

　マーケティングを考える上で、押さえておきたいことがもう１つあります。機能的便益が充足されているぶん、消費者の審美眼が養われているということです。

　現代の消費者は、普段から高品質・高機能の商品やサービスを目にし、その中から取捨選択をしています。特にSNSでは、その判断を瞬時に行っています。例えばTikTokをチェックしているときは、オープニングの0.3秒を見て動画の良し悪しを判断するといわれています。

　大量の情報の中から、自分にとって価値があるものを瞬時に見つける。みんな普通に行っていることですが、冷静に考えてみればすごい能力です。

　これを繰り返すことで、「良いもの」「悪いもの」を見分ける審美眼も養われていきます。私は1991年生まれで、私たちの世代では、いわゆる「ダサい人」、ファッションセンスのない人がたくさんいました。しかしいまの若い世代を見ると、「ダサい人」はとても少なくなっていると思います。

　世の中の服がすべてオシャレになったから、ダサい人間がいなくなったわけではありません。たくさんのファッションアイテムを見て、そこから良いものを選択できるようになっているからです。

　昔のファッション誌では、かっこいい・かわいい、あるいはスタイルの良い人たちが着ているものしか見ることができませんでした。いまは多様な人たちの着こなしを見ることができる。その中から自分に合うも

のも見つけることができるようになっているのではないでしょうか。

● **数ある情報の中から、必要なものを一瞬で選ぶ**

　機能的便益は充足し、消費者はみんな、選ぶ能力にも長けている。この状況で、人は何を買うのか。次の STEP で考えていきましょう。

消費者に「衝動買い」を させるために

現代の消費者は、自分で情報収集して購入することが少なくなっています。つまり、偶然目にしたときに選んでもらわなければいけない。ほかの商品にはない「買う理由」が必要です。

優れたものではなく長く愛されるものを

　現代は便利なものが揃い、機能的にもあまり差がない。機能的便益が充足している中で、人は何を選ぶのか。この構造を捉えるために、会社と従業員を例に考えます。

　例えば、ある企業がソフトウェアを開発するために「プログラミングスキルを持つ人が欲しい」という状況があったとします。この部分だけを見ると、企業が誰を選ぶかは能力次第です。どれだけの仕事をどれだけの質で、どれだけの時間でできるのかといった、機能の差分にしか基準がありません。

　雇用する側が社員を機能としてしか見ないのであれば、働く側も同じです。複数の企業の中でどこに所属するかは、どんな環境で、どれだけの収入をくれるのかで選ぶことになります。

　こうした基準であれば、**企業側と働く側で機能を享受し合えば、それ以上一緒にいる意味がなくなります。**
　近年、特に欧米では、「ジョブ型」の働き方が一般的になっています。プロジェクトごとにメンバーが集まり、その期間が終わればまた散り散りになって、次の仕事に向かう。

これは一見効率的なようですが、働き手にとっても企業にとっても、サスティナブルとは言えません。常に新しい仕事を探さなければいけないし、社内にノウハウも蓄積されにくい。終身雇用が淘汰されていく現代だからこそ、**長く働いている人にしかわからない知識や経験に価値が生まれるようになる**のだと思います。

みんな買う理由を欲しがっている

マーケティングも雇用の例と同じことが言えます。機能的便益を売ってしまえば、消費者はその機能に充足した瞬間、もう買うことはなくなります。さらに現代の消費者は審美眼に優れ、自分に必要なものとそうではないものの見極めを一瞬で行います。

人が購入を決断する要素はさまざまにありますが、間違いなく言えることは、「なぜその商品を買うのか」といった理由を見い出せるものです。

雇用の例に戻すと、極端に言えば機能面だけを基準に働いている人には「なぜ働くのか？」といった部分がありません。雇用する側にも「なぜこの人を採用するのか」がありません。「何をさせるのか」だけです。

これをマーケティングに置き換えると、**「何を買っているのか？」**よりも**「なぜ買っているのか？」**に重要性が生まれます。

STEP11では、人は購入の比較検討をしなくなっているとお話ししました。普段から考えることなくものを買っているので、いまさらネットで調べて買うのが面倒になるのです。

だから、「これを買えばいい」という理由を欲しがっています。つまり、**商品やサービスを見たときに「衝動買い」をする理由が必要**です。

「希少性」が「衝動買い」に繋がる

では、何が「衝動買い」の理由になるのか。まずは「希少性」です。同じものがたくさんあれば、人は価値を感じません。**需要より生産のほうが少ないことが、価値に繋がります**。例えば、行列のできるおにぎり屋や期間限定のポップアップショップです。

Instagram で考えると、少し変わった内容の発信です。良い意味で「奇抜」であることです。

僕の友人に「ど素人ホテル再建計画」というアカウントを運営している人がいます。

彼は映像クリエイターで、旅をしながら作品をつくっていました。それが海外に行ったときに新型コロナで島に隔離されてしまいます。

日本に戻れず時間があるからと、その島の観光映像をつくってみた。するとそれが「コロナで大変な中、島のために働く人」とバズって、テレビの取材も来るようになりました。

それを見た沖縄のホテルオーナーの御子息から「うちのホテルも再建してください」と DM がありました。そこでどのように盛り上げればいいか、Instagram や TikTok でアイデアを募集。宿名、コンセプト、内装、ウェブ、戦略などあらゆることを、みんなで一緒に決めていきました。

このように、オリジナリティのあるストーリーが人気を集め、大バズり。彼が関わる前はホテルの稼働率が 13％ だったところから、70％ にまで改善されたようです。

さらに「ど素人」の部分がミーム化して、いまではたくさんの「ど素人アカウント」が生まれました。彼は「元祖ど素人」としてさらに有名になっています。

●「ど素人ホテル再建計画」の投稿

信頼する人からの"煽り"が最強

STEP13では、機能面で差のない商品が溢れ、消費者の審美眼が高い状況では、「衝動買い」の理由が必要だとお話ししました。ここでは、人が衝動買いをする条件について、2つの側面で考えます。

「自分が関わっているもの」を買う

「衝動買い」をする最も強い理由は、「信頼している人」に「煽られること」です。例えば、**自分の尊敬する上司や先輩**に「この本読まないと損するよ」「あの店は絶対に行ったほうがいい」と言われれば、それだけで選ぶ理由になるのではないでしょうか。

Instagramマーケティングでも、この構図を利用しましょう。

まず、消費者にとっての信頼する相手が、まさに"推し"です。"推し"とは友達に限りなく近い、憧れの存在。そこからの情報は、強い信頼度を感じるのではないでしょうか。

また、信頼というほどの気持ちではなくても、「自分が関わっている」と感じることによって、商品やサービスとの繋がりが強くなります。

例えば、「お〜いお茶」という商品のパッケージには、消費者から集めた川柳が載せられています。ペットボトルのお茶を買うとき、どれも味が大きく変わるわけではありません。そんな中、自分が川柳を投稿していたとしたら、そちらを買いたくなるのではないでしょうか。

あるいは、「あの店員さんに何を買うか相談したことがある」「友達の友達が働いている」ということでも、ほかのお店よりも信頼できるといっ

た気持ちになることがあると思います。

●「自分が関わっているもの」に対して信頼が生まれる

心理学に基づいた"煽り"の表現

　こうした関わりがある上で、"煽り"が生きてきます。信頼できる相手に勧められるだけでも衝動買いの理由にはなりますが、それだけでは少し弱い。簡単な例で言えば下記のようなアプローチがあります。

"煽り"の例

・「限定○個」
・「○代のあなた向けに」
・「1日当たり100円」

　これらはよく目にする表現ですが、行動経済学や心理学がベースになっています。こうした言葉を見て購入した経験がある人も多いのではないでしょうか。

　ただし、**こうした"煽り"は、信頼度の低い相手に言われても逆効果です。**よく知らない人が突然自宅に来られてセールスをされるようなもの。まずは"推し"として信頼してもらうことが大事です。その上で"煽り"が生きてくると考えましょう。

第 4 章

Instagramで伝えたい 3つのこと

企業の"人間っぽさ"を表現するために

自分の姿をありのままに見せる

　ユーザーにとっての"推し"になるための発信をひと言で言えば、自分たちの姿をありのままに見せるということになります。そこから伝わる"人間っぽさ"が人を引きつけます。

　ただ、ありのままにと言われても、具体的に何を伝えたらいいのかわかりづらいと思います。定義づけるとすれば、次の3つです。それぞれの具体的な内容について、本章でお話ししていきます。

インスタで伝えたい3つのこと

・① 「目標」 や 「戦略」
　ただ 「フォロワーを増やしたい」 と伝えても、**ユーザーの心は動きません**。ビジネスを通してどんなことを実現したいのかという目標、そこにたどり着くための戦略を伝えることで、共感を引き出します。

・② 「失敗」 や 「困難」
　成功ストーリーだけを伝えても、みんな 「そんなにうまくいくわけはない」 と感じます。**カッコ悪く思えることでも、どんどん発信していきましょう**。そこからアドバイスをもらえることもあります。

・③ 「商品の物語」
　商品やサービスの裏にある、**売る人・つくる人の思いやストーリーが、消費者の共感を呼び込みます**。また、ユーザーにとってその過程を見ることが、「自分だけが知っている」 という他人との差別化に繋がります。

● 3つの視点で"人間っぽさ"を伝える

「目標」や「戦略」

「失敗」や「困難」

「商品の物語」

"人間っぽさ" が共感を生む

"推し"にしてもらう上で大前提となるのが、アカウントの持つ"人間っぽさ"を伝えることです。価値観や感情といった発信者の主観が、何よりのオリジナリティになります。

「人としての自分」を見せることで共感を呼ぶ

　例えば、スポーツドリンクを買うとします。いろいろな商品がありますが、正直、あまり大きな違いを感じません。水分補給、栄養補給という機能はすでに珍しいものではなく、競争力があるとは言いづらくなっています。

　そうしたとき、企業が伝えていくべきこととは何かを考えれば、"人間っぽさ"です。**どんな考え方や価値観を持っているかは人それぞれであり、それを伝えることが独自性に繋がると考えています。**
「自分たちはこれができる」「これを売っている」ではなく、自分のキャラクターや性格、長所・短所、感情的な部分も含めて発信していきましょう。それが必ずしも人を笑わせたり喜ばせたりすることでなくても構いません。極端に言えばネガティブなことを言っていても、"人間っぽさ"に繋がります。

　それに、"人間っぽさ"が伝わることで、身近に感じてもらうことができます。
　顧客の声が「企業」に寄せられることは、あまりありません。問い合わせやクレームが来ることはありますが、嬉しい、悲しいといった感情が加わった「人としての会話」は少ないでしょう。

相手が「人間」の場合、人と人とのコミュニケーションが生まれます。声を掛けたお客様も嬉しいし、声を掛けられたほうも嬉しいのではないでしょうか。

それに、企業は怒りませんが、人間は怒ります。そうした感情も含め、"人間っぽさ"が人を引きつけます。

"人間っぽさ"の発信が上手な企業として、例えば「ジャパネットたかた」です。経営者が前面に出て発信し、みんながそのキャラクターを理解しています。あるいは「ソフトバンク」の孫正義氏も、人前で怒る姿を見せることがあります。そうした姿からも"人間っぽさ"が伝わりますよね。

作る人のストーリーが生む価値

日本では聞き慣れない商品ですが、イギリスで「Prime」というエナジードリンクが話題になっています。これはユーチューバーでプロボクサーのローガン・ポール氏とKSI氏が共同で立ち上げたもので、若年層の間で爆発的に売れています。2人がゲスト出演したラジオ番組では、2022年の売り上げが2億5000万ドル（約320億円）、2023年1月だけで4500万ドル（約58億円）だと語られました。

これも売れている理由は機能面に限ったものではないでしょう。両氏が関わっているということ、**「誰がやっているか」が見えるということが、大きな要因**だと思います。

これは、世の中に広く認知されているインフルエンサーがプロデュースしているから、ということもありますが、作っている人のストーリーが見えるということが大きな要素になっているでしょう。日本でも一時

期から農家の方の顔が写ったパッケージの野菜や、職人の顔がわかる工芸品などが人気になりましたが、これも同じ観点なのだと思います。

ありのままの姿を見せる

　自分たちの発信を企業の発信だと捉えるのではなく、人間の発信だと考えましょう。**「自分たちはビジネスをしている人間」だと考えたときに機能面とは違う部分が出てきます。**

● 企業ではなく「人」が発信すると考える

「企業」と「人」は
コミュニケーションが
生まれづらい

「人」と「人」は
コミュニケーションが
生まれやすい

自分たちのやっていることをそのまま伝えればOKです。かっこ良く見せる、上品に見せるという意識は必要ありません。

例えば、普段完璧に見える人が段差につまづくところを見ると、急に親近感を覚えることがあるのではないでしょうか。演技では逆効果ですが、「あえていじられる」ことで相手から親近感を持ってもらうこともできます。短所や失敗を突っ込むというのは、かなり親しい友達でなければできないですよね。

STEP18で紹介する「レシピノート」というアカウントでは、料理の撮影をしたはずが、録画できていなかったことがときどきあったそうです。普通に考えれば単なる失敗ですが、そのおっちょこちょいな部分もストーリーズに投稿しています。

普段、私にもたくさんの人から「インスタでどんなことを見せればいいのか」と相談が来ます。もちろん、何から何まで見せればいいわけではないと思いますが、その線引きを考え出すとキリがありません。

人それぞれに価値観や考え方は異なります。相手の長所に対して好意や共感を覚えることもあれば、その逆もあります。下手に隠すくらいなら、全部出したほうがいい。そう考えて、積極的に発信していきましょう。

次のSTEPから、企業が"人間っぽさ"を伝える上でどんな内容を発信すればいいかについてお話ししていきます。ただし、あくまで大枠だと考えてください。

Twitterなどでは「企業の中の人」のちょっとした発言がバズることがあります。普段感じていることをそのまま話せば、それが"人間っぽさ"に繋がります。「ありのままを伝える」と考えて、取り組んでみましょう。

「目標」や「戦略」を伝えて
応援してもらう

「インスタで伝えたいこと」の1つ目は「目標」や「戦略」です。
実利だけを求めて「売り上げを上げたい」と言っても人の心は動き
ません。ビジネスを通して何を実現したいのか、から考えましょう。

「なぜ、そのビジネスをやっているのですか?」

　弊社で Instagram の運用をサポートさせていただくとき、クライアン
トに「なぜインスタ運用をするのですか?」とお聞きすると、明確な答
えを持たれていないことがあります。

　そうしたときには、**「なぜ御社のビジネスをやっているのですか?」**
とお聞きします。すると、独自の考えが出てきます。

　ビジネスを手掛けている以上、必ず「なぜそのビジネスをやっている
のか」という「Why」があります。その **Why の具体度を高めたものが**
「目標」であり、目標に向かうための方法が「戦略」と言えるでしょう。

　まずは Why の部分について考えます。
　有名なのは、スターバックスのミッションです。

　　　人々の心を豊かで活力あるものにするために——ひとりのお客
　　　様、一杯のコーヒー、そしてひとつのコミュニティから

　その体現として、スターバックスは「サードプレイス」というコンセ
プトを打ち出しています。一例として、スターバックスのフードは基本
的に既製品の温めのみで、調理は行われていません。これは食事目的で

来た人が慌ただしく食べることで、お店の雰囲気が損なわれることを防ぐためだといわれます。職場でも自宅でもない第3の場所であることを、何より優先しているのです。

● 「目標」に向かうための方法が「戦略」

スターバックスは世界的に有名な例ですが、どんなビジネスにも、自分たちなりの Why があるのではないでしょうか。

以前コンサルティングをさせていただいた在宅医療の情報を届けるア

カウントでは、こんな Why がありました。

　人によって、在宅医療や介護の制度に対する知識の差が大きい。
知識がないことが理由で、本来受けられる医療サービスを受ける
ことができていない人もいる。無料での情報発信を通して医療格
差をなくしたい。

　とても素晴らしい Why だと思います。読んだだけで応援したくなり
ますよね。現在のフォロワー数は約 1.6 万人。自分の Why を Instagram
上で発信することで、共感する多くのファンが集まっています。

● 医療格差を解消するための発信を

Instagram 運用の本当の目的は

　利益を得るためだけの発信では、人の気持ちは動きません。**「フォロワーを増やしたいから」というのでは、単純にお金を儲けたいと思っていると受け取られてしまいます。**

　もちろん、売り上げは必要です。しかし Instagram を運用する理由は、「フォロワーを増やしたい」「認知度を高めたい」ではなく、目標を実現するためなのではないでしょうか。**「○○をやりたい。そのためにフォロワーを増やしたい、認知度を高めたい」という順番**でなければいけません。

　自分たちのビジネスにある、もっと上位の目標を伝えましょう。
　SAKIYOMI の場合は、「インスタ運用に一筋の光を」というコンセプトがあります。Instagram を運用する人は多いけれど、情報が少なくて暗闇の中にいる人も多い。どっちに向かって走っていいかわからない人のために、一筋の光を提供してあげよう。そのことによって、少しでも挑戦する人や成功する人を増やしたいという想いを詰め込んでいます。

　高尚なビジョンやかっこいい言葉である必要はありません。**背景にある想いやストーリーが伝われば、シンプルな表現で十分**です。
　特に、**その人の原体験が元になっていると、共感が高まります。**例えば「食事を通して人を笑顔にしたい」といった Why の裏に、「子供の頃母子家庭に育ち、1 人での食事が多かった。だから食事を大切にしたい」という想いがある。自分が心から大事だと思える言葉が人の気持ちを引きつけます。

● ビジネスの「Why」が人を集める

「Why」を実現するための「目標」を伝える

「Why」を出発点に、自分たちの「目標」を考えましょう。

上記の医療関係のアカウントの例では**「Why の実現のために何を目標とするのか？」**と考えて、下記のような例になりました。

目標の例

・医療の知識を広げるためにフォロワー 1 万人を目指す

・価値観に共感できる人と交流できるコミュニティをつくる

・オリジナルキャラクターの LINE スタンプを販売する

これも Instagram で発信します。単純に「1万フォロワー欲しい」と言っても共感を得られませんが、Why を伝えた上では応援する気持ちを引き出すことができます。

● **自分たちの「Why」を伝えた上で目標を伝える**

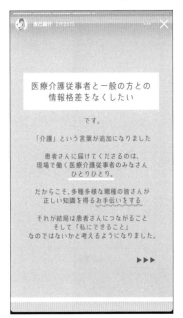

目標にたどり着くための「戦略」を伝える

　目標を立てたら、そのために何をやっていくかを発信します。同様に、上記のアカウントでは、下記のような例です。

戦略の例

・在宅医療の学びを短いコンテンツで伝える

・親しみやすくするため自分で書いたイラストを投稿する

・無料パンフレットを配布する

こうした戦略を発信することについて、「結局フォロワーを増やすためなのではないか」と感じられるかもしれません。しかし **Why や目標を伝えた上であれば、なぜこの戦略が必要なのかを理解してもらえる**はずです。

● 戦略も隠さず伝える

　さらに、**「目標達成のための方法を、みんな一緒に考えてください」という発信があってもいい**。このアカウントでは、戦略を発信した後1週間くらいのフォロワー転換率（プロフィールページを訪れたユーザーのうち、どれだけのユーザーがフォローしたのかの割合）が60％を超えました。平均的な数字は7％程度です。

　このように、自分たちがなぜそのビジネスをするのかといった「Why」、それを実現するための「目標」と「戦略」を明確にして、発信しましょう。これが見る側にとって最大の推したくなるポイントです。

「失敗」や「困難」を伝えて
共感を呼ぶ

「アンダードック効果」といい、人には「失敗」や「困難」に直面
している相手を応援したくなる心理があります。ユーザーと一緒
に困難を乗り越えていくイメージで発信していきましょう。

人が応援したくなるストーリー

どんな相手を応援したいと感じるかは人によって違います。ただし、**共感を引き起こしやすいストーリーは、ある程度形式的に考えることができます。**

端的に表現すれば、**人は苦境にいる相手に共感します**。例えば、特に応援しているチームはないけれど、スポーツの試合を見ていたとします。なんとなく、負けているチームを応援したくなるのではないでしょうか。これは**「アンダードッグ効果」**といって心理学でも証明されています。

そこからさらに「応援しよう」という気持ちが強くなるのが、「転落から這い上がるストーリー」です。例えば、怪我から復活しようと頑張っているアスリートを見ると、みんな応援したくなるのではないでしょうか。「何とか復帰してほしい」「いまは大変だけど、また活躍してほしい」と感じるはずです。

そうして実際にカムバックすれば、テレビなどでの露出も増えます。その理由にも、応援する人が増えて視聴率が上がるからという面があると思います。

何の苦労もなく成功しているストーリーを聞いても、面白くはあり

ません。「そんなにうまくいくことはない」とみんなわかっています。STEP7では、「"推し"の条件」のひとつとして、「本当の姿を知っている」を挙げました。このことが満たされなくなってしまいます。

　また、私がクライアントの方などによくお伝えするのは**「類似性の法則」**の観点です。**自分と共通点のある人に、親近感を抱く**という心理のことを言います。

● 「失敗」や「困難」が共感を呼ぶ

SAKIYOMI でも、当初フォロワーの増やし方がわからず、プレゼントキャンペーンや、競合アカウントをフォローしている人を片っ端からフォローしてフォローバックを期待する、といったことばかりやっていました。いま思えば、まったく本質的なやり方ではありません。こうした失敗もオープンにしています。

「みんな同じ失敗をするんだ」「私も同じことで苦労したな」と感じてもらうことで、応援しようという気持ちを引き出すことができます。

「失敗」や「困難」を発信する事例

上述した観点から、Instagram を通して発信したいことのひとつに「失敗」や「困難」があります。

ビジネスの上での失敗や困難は、イメージしやすいと思います。

「失敗」や「困難」の例

・一時期売り上げが上がらなかった
・お店を始めるとき物件がなかなか見つからなかった
・従業員が辞めてしまった

それらの困難をどのように乗り越えたのかを伝えてもいいですし、まだ困難の最中なのであれば、そのことを正直に発信しましょう。

失敗や困難を伝えることで、激励のメッセージをもらえることもあります。その中には、困難を越えるヒントになるものもあるかもしれません。ネガティブな内容は隠したくもなりますが、どんどん発信していきましょう。

- 閉店寸前の困難を発信（後に売り上げは3倍に）

- 困難を乗り越えたストーリーを発信

「商品の物語」を伝えて
引きつける

「インスタで伝えたいこと」の3つ目が「商品の物語」です。「どんな想いでこの商品は作られたのか」「どんな過程があって作られたのか」。そうした背景に、商品の機能を超えた価値が存在します。

商品はどのように生まれたのか

商品やサービスの「物語」として、私が共感したのは、「BALMUDA」のトースター誕生の背景です。

2014年の5月の事。私たちは、社に程近い小金井公園でバーベキュー大会を開きました。その日は朝からありえないくらいのどしゃ降り。中止も考えましたが、思い出になるからという理由から決行。全員でびしょ濡れになりながら肉を食べ、本当に思い出になりました。その時、研究心に富んだ開発チームは食パンを持ってきて、肉のかたわらで炭火で焼き始めたのです。そのトーストのおいしさはほぼ完璧。表面がパリッとして中に水分が十分に残っていました。この味を再現できればバルミューダトースターができる!
と次の日から再現実験を始めました。しかし、いっこうに再現できません。炭が違うのか、火の距離が違うのか、グリラーが違うのか。試行錯誤を続けていた時、誰かが言いました。「あの時、すごい雨が降ってましたよね?」そう、答えは水分だったのです。

BALMUDA 公式ウェブサイトより

あるいは「Yogibo」のソファの誕生ストーリーも有名です。

あるとき、創業者であるエイアル・レヴィの妻が妊娠した。彼女はうつ伏せで寝るのが好きだったが、妊娠したことでうつ伏せになれず、気持ち良く眠れなくなった。

そんなとき、伸縮性のあるビーズソファのことを知ったレヴィは、「これで妻の悩みを解決できる」と考えて、大きなビーズソファをつくったそうです。

こうした話を聞くだけでも、推したくなるのではないでしょうか。

● 「商品の物語」が人を引きつける

商品開発の過程をフォロワーと共有する

　SAKIYOMI が運用するアカウントでは、物語形式の投稿でフォロワーを伸ばしているケースがたくさんあります。その一例として、「レシピノート」というアカウントを紹介します。

　レシピ配信のアカウントなのに、投稿者は料理が下手でした。1つでもいいから上手に料理できるようになろうということで、「100日後に上手にオムレツを作れるようになる」というチャレンジを発信しました。

　そうして100日経って、オムレツ作りのテクニックも成長。ご褒美として、自分のアイデアで新商品を開発できることになりました。

　しかし、何を作ればいいかわかりません。そこで Instagram で「新商品のアイデアをください」とフォロワーにアイデアを募ります。

　すると「フライパン」というアイデアが寄せられました。ただ、オムレツ専用のフライパンは、すでに高機能なものが世の中にあります。いろいろな業者に問い合わせましたが、それ以上の商品を作ろうとすると、とても単価が高くなってしまう。フォロワーに高価な商品を買ってもらってもハッピーではないから別のものにしようということで、またアイデアを募集しました。

　いろいろと意見がある中、結局、オリジナルのスパイスを作ることになりました。その開発過程も投稿しています。こうしたストーリーが人気を呼び、新商品の初期在庫500個は即日完売。現在フォロワーは約32万人です。

　どんな想いや経緯で作られたかを知ることで、共感する気持ちは強くなります。「お客様には関係のないこと」と考えるのではなく、積極的に発信していきましょう。

● 商品開発の過程を共有

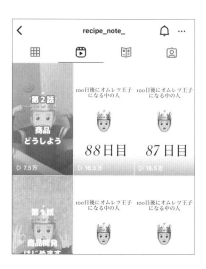

● 商品開発の過程を共有

● ブランド名の由来を紹介

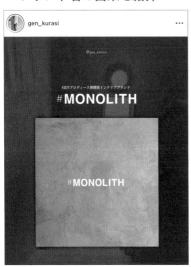

" ビジネスに懸ける想い " が魅力になる

> ビジネスの上で " 人間っぽさ " を伝えることに、不安を感じる人もいるかもしれません。しかし、これからは企業の想いを伝えることが必須になっていきます。実例と合わせて、見ていきましょう。

" 人間っぽさ " は真似できない

　本章では " 人間っぽさ " を伝えるために、どんな投稿をすればいいのかを考えてきました。それは自分たちの考え方や価値観を発信することでもあります。

　当然、考え方や価値観は人それぞれ、共感してくれるかどうかも人それぞれです。ユーザーが自分たちの投稿を見たことで「このお店で買うことはやめよう」となることがまったくないとは言えません。

　しかしいまはどんな商品やサービスを見ても大きな差はなくなっており、消費者は「買う理由」を探しています。この状況で " 人間っぽさ " を伝えることにネガティブな意味があるとすれば、戦略や商品開発の真似をされることや、自分たちの主張に対する炎上のリスクです。

　しかしそれも問題ありません。まずは、真似をされることについてです。

　仮にアクセサリーショップの発信を見た誰かが、同じアクセサリーを作ったとします。しかし、それぞれに背景は異なります。「どんな想いで作ったのか」「なぜ作ったのか」「どんな人に着けてほしいのか」。そうした想いはそれぞれ唯一のものです。**見た目が同じものが作られたとしても、発信によって必ず差別化できます。**

「Why」のある企業、ない企業

　炎上についてのリスクは、自分たちの考え方や価値観に共感しない人からの非難があるかもしれないという考え方です。

　これは、**「なぜそのビジネスをするのか」という「Why」や「目標」が明確ではない**からです。自分たちがビジネスを通して実現したいことに向かう上では、何かしら非難があるかもしれません。それでも仕方ないと考えられるかどうかです。

● **姿を見せずに何を伝えても怪しく見える**

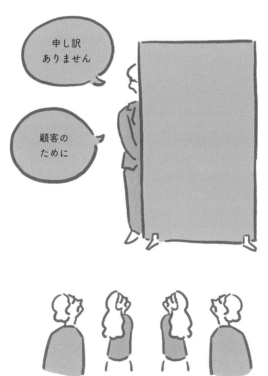

例えば、何か不祥事が起きたときに、記者会見で謝ってはいるけれど、実際に何を考えているのかまったく伝わらない会社もあります。そうしてさらに炎上していくというのも、よく見る姿です。

一方で上手に対応する企業もあります。
例えば「Soup Stock Tokyo」が離乳食の提供を始めたとき、一部で炎上が起きました。しかし、同社は自分たちの姿勢をはっきりと示し、それに対する称賛の声も多く聞こえました。企業としての人間性が伝わる、すばらしい対応だったと思います。

離乳食提供開始の反響を受けまして

4月25日に開始した「離乳食後期の全店無料提供」の取り組みに対して、さまざまなお声をいただきました。
お声を受けてからの発言を控えておりましたのは、私たちの存在意義について想いを巡らせ、考えを深めていたからです。
改めまして、私たちがどのような想いでこの取り組みをはじめたのか、何を実現したいのかを私たちの言葉でお伝えしたいと思います。

（中略）

最後になりますが、今回の反響について、改めて私たちの姿勢をお伝えいたします。
私たちは、お客様を年齢や性別、お子さま連れかどうかで区別をし、ある特定のお客様だけを優遇するような考えはありません。
私たちは、私たちのスープやサービスに価値を見出していただけるすべての方々の体温をあげていきたいと心から願っています。

皆さまからのご意見を受け止めつつ、これからも変わらずひとり
ひとりのお客様を大切にしていきます。

世の中の環境の変化が激しい中、社会が抱える課題もさまざまで
す。それらを私たちがすべて解決できるとは思っていません。で
も、小さくてもできることもあるとまじめに思っています。

ひとつひとつですが、これからも「Soup for all!」の取り組みを
続けていきます。

どうぞ今後ともよろしくお願いいたします。

株式会社スープストックトーキョー一同

Soup Stock Tokyo 公式ウェブサイトより

あるいは「ガリガリ君」を製造する赤城乳業です。ガリガリ君が値上
げしたとき、社員が映るCMが放映されました。「25年間値上げしない
ように努力したけれど、もう限界です」というメッセージで、みんなで
頭を下げる映像です。

これもとても人間っぽい発信です。それを見て「何で値上げするん
だ！」と考える人は少ないでしょう。みんな「買ってあげよう」と感じ
たはずです。実際に、値上げ初月の売り上げは、前年同月比で10％アッ
プしたといいます。

自分の価値観に共感してくれる人は必ずいる

素の自分を見せたときに、好きになってくれるか嫌われるかは相手そ
れぞれです。**誰かに共感してもらえるかどうかは、考える必要がありま
せん。**

嫌われないように隠したり嘘をついたりしてしまうと、おかしくなり
ます。例えば、「ケチ」のキャラクターで売り出している芸人の豪遊し

ている姿が拡散して話題になるといったこともあります。素ではない発信は絶対に嘘だとわかります。

　素の姿が人に不快感を与える場合もありますが、それでも支持されるビジネスもあります。以前、ある焼き肉屋に予約時間に少し遅れて行くと、大将に「遅刻したんだから謝れ」と言われてしまいました。確かに遅刻は悪いのですが、言われて気持ちの良い言葉ではありません。それでも、そのお店は予約困難です。
　大将の言葉を「こだわり」と受け取れば魅力になる。こうしたお店はほかにもたくさんあります。

　実際の人間関係でも同じです。自分の価値観を発信すれば、批判もあるかもしれませんが、同時に共感してくれる人もいます。**「こんなことを伝えるとどう思われるだろう」と考え過ぎることなく、ありのままの自分を伝えていきましょう。** それが何よりの魅力になります。

第 5 章

4つの投稿で
"推し"になる

投稿方法の違いをイメージする

　第4章では、Instagram を通して伝えることについてお話ししました。本章では、3つの内容をどのように投稿していくかを考えます。

　Instagram での投稿は基本的に「フィード投稿」「ストーリーズ」「リール」「インスタライブ」の4種類です。4つの投稿はそれぞれに特徴が違い、どんな内容が向いているかも異なります。STEP3 では、Instagram を「現代の六畳一間」と表現しました。使い分けるために、それぞれのイメージを六畳一間に例えてお話しします。あくまでわかりやすくするための解釈であり、これに縛られず発想してみてください。

　また、本書ではプロフィール欄に載せる「ハイライト」の活用方法も扱います。これについては、STEP26 で改めてお話しします。

Instagram は現代の「六畳一間」

・フィードは「インテリア」や「家具」

　フィードはユーザーのホーム画面に表示される、通常の投稿です。画像や動画にキャプションを加えて投稿でき、フォロワー以外にも表示されます。

　ストーリーズやリールと違い、フィードは投稿内容に時間軸をつくりにくいと言えます。そこで、**一度決めたらすぐには変わらないもの、頻繁に更新するようなものではない内容**を発信します。

　そうした点から、部屋の中にある「インテリア」や「家具」のようなものと捉えることができるのではないでしょうか。

　自分の部屋の世界観を表現しましょう。「この本棚が自分の部屋のい

ちばんのお気に入り」「そこには大好きな漫画がぎっしり詰まっている」。
そんなイメージです。

・ストーリーズは「テーブルの上」

ストーリーズはスライドショーのような形式で、画像や動画を投稿で
きる機能です。投稿後、24時間で消えるもので、基本的にフォロワー
のみに表示されます。

24時間で消えてしまうストーリーズは、**常に新しいものを投稿**する
のに向いています。そのことから、部屋の中にある「テーブルの上」と
例えることができるように思います。

テーブルの上には、常に違うものが置かれます。食べるものは毎日違
うし、読みかけの本も、生けられた花も変わる。日常の変化を切り取っ
て発信するイメージです。

・リールは「アルバム」

リールはユーザーのホーム画面に表示される、縦長のショートムー
ビーです。最大90秒までの動画を投稿でき、フォロワー以外にも表示
されます。

リールは、日々の出来事をまとめた「アルバム」と言えるでしょう。
実際に、多くのユーザーが「4月沖縄旅行」のように投稿しています。

本書のノウハウでは、**普段投稿しているストーリーズを、ある期間で
まとめてリールにします**。日々撮り溜めた写真をアルバムに整理するイ
メージです。

・インスタライブは「部屋の中」

インスタライブは、最大4時間の生配信ができるライブ機能です。コ
メントや「いいね」、質問などユーザー同士のインタラクティブなコミュ
ニケーションが可能です。

言葉の通り、**部屋の中をそのままリアルタイムに発信**しましょう。「誰かが遊びに来た」「こんな勉強をしています」など、部屋の中の様子を演出せずに伝えます。

● 「自分の部屋」で各投稿をイメージする

ストーリーズ：テーブルの上
毎日置かれるものが変わる

フィード：インテリアや家具
一度置いたらすぐには変わらないもの

インスタライブ：部屋の中
リアルタイムな部屋の様子

リール：アルバム
日々の出来事をまとめたもの

 の中には：

STEP
• • •
20

押さえておきたい
投稿のポイント

> " 推し " になるために大切なのは、「ありのままの姿」を伝えるこ
> とです。それさえできていれば、投稿内容をあまり細かく考える
> 必要はありません。最低限のポイントについてお話しします。

４つすべての投稿をしなければいけないのか

　この後の STEP で詳しくお話ししていきますが、第４章でお話しした
**インスタで伝えたい３つのこと（①「目標」や「戦略」、②「失敗」や「困
難」、③「商品の物語」）を、ストーリーズ・インスタライブ・フィード・
リール、それぞれで発信**していきます。

　ただ、例えば「商品の物語をフィードに合わせて表現するためにはど
うすれば……」といったように、あまり細かく考える必要はありません。
便宜上、イメージしやすいように定義しただけで、アカウント全体で **" 人
間っぽさ " を表現できていれば、どの投稿でどんな発信をしても問題あ
りません**。「インスタで伝えたい３つのこと」に当てはまらないものが
あっても大丈夫です。

　また、普段仕事をしていて**投稿できることがあったら、すぐに発信し
ましょう**。例えば、「目標」や「戦略」、「失敗」や「困難」は投稿でき
るけど、「商品の物語」はまだ準備できていない。こうしたとき、３つ
揃うまで投稿できないと考える必要はありません。

　それから、必ずしも４種類すべての投稿をする必要もありません。私
たちのクライアントでも、例えばリールを投稿していない会社もありま

第
5
章

４
つ
の
投
稿
で
〝
推
し
〟
に
な
る

すし、リールだけを投稿する会社もあります。インスタライブをやっていない会社もあります。

　もちろん理想を言えばすべて投稿することですが、そもそも、どれだけインスタ発信に時間を使えるのかといった問題もあります。**最低でもフィードまたはリールは投稿してほしい**と思いますが、できる範囲で考えてみてください。STEP21〜24では、目安としての配信頻度を紹介しています。

「既視感」を大事にする

　投稿全体に関わるポイントとして、「既視感」を意識しましょう。差別化を考えようとすると「ほかとは違うもの」を発信したくなってしまいますが、人が何かを選ぶ際、**「どこかで見たことがある」という感覚は大事な要素**になります。

　例えば、原色の黄色のパックに入っているコーヒーを飲みたいと思う人は少ないでしょう。「コーヒーといえばこの色だよね」といったフォーマットのようなものがあるから、人は安心して選ぶことができます。世の中でスタンダードになっているものには、それなりの理由があると言えます。

　Instagram の投稿で考えると、デザイン面です。例えばストーリーズで作れる文字は、フォントやサイズ、行間など、フォーマットが決まっています。

　それがユーザーにとってはひとつの既視感になっています。そこにフォトショップで作ったデザイン性の高い画像を投稿しても、違和感に繋がってしまいます。

　"人間っぽさ"を伝えていれば、必ず他人にはないオリジナリティが伝わります。「見せ方」で差別化しようとする必要はないのです。

● 明らかに違うものは違和感に繋がる

フィードで
「変わらないもの」を伝える

Instagram の 4 種類の投稿の中で、まずは基本的な投稿である
「フィード投稿」についてお話しします。実際の投稿例やポイント
と合わせて、どんなことを発信すべきかを見ていきましょう。

フィードで伝えたいこと

　本章の冒頭では、フィードを六畳一間の中の「インテリア」や「家具」
と例えました。「インスタで伝えたい 3 つのこと」について、**一度投稿
したら大きくは変わらないもの**を考えます。

フィードでの「目標」や「戦略」の投稿例

・「会社としてこうなりたい」
・「こういう世界観を実現したい」
・「こういうサービスを提供したい」

フィードでの「失敗」や「困難」の投稿例

・「お店のオープンの際に物件が決まらなかった」
・「最初はなかなかお客さんが来なかった」
・「従業員が集まらなかった」

フィードでの「商品の物語」の投稿例

・「人気メニューが出来たストーリー」

・「商品を作ろうとした理由」

・「他社商品と比べた特徴と、そのように発した理由」

　これまでに起きたこと、考えてきたことを整理すれば、フィードの内容はスムーズに発想できると思います。

ユーザーにとって意味のある情報を投稿しよう

　ほかにも、フィードでの投稿には次のようなことが向いています。「インスタで伝えたい３つのこと」に限らず、有効に活用しましょう。

　フィードに向いていることを定義づけるとすれば、**「ユーザーにとって役立つ情報」**です。各ＳＮＳやさまざまな情報媒体が溢れる中、ユーザーは自分の時間を何に使うかを選んでいます。意味がないと感じるものを見る時間はありません。自社について、あるいは自分のビジネスに関わるもので、どんな情報がユーザーの役に立つかを考えましょう。

● キャンペーン告知

● 自己紹介

- お役立ち情報

- お役立ち情報

- お勧めアカウントの紹介

- トレンド情報

フィードの投稿頻度

　フィード投稿は、週3回くらいの頻度が目安です。ただ、この数字にはっきりとした根拠があるわけではありません。もちろん、もっと多くてもいいですし、週2回では絶対に駄目ということでもありません。「ある程度定期的に投稿しておきたい」といったくらいのイメージです。

　アカウントを訪れたときに、しばらく投稿されていないと「このアカウントはちゃんと更新されていないんだな」と感じますよね。すると、またそのアカウントを訪れることは少ないでしょう。**「あ、この人新しい投稿をしているな」**と思ってもらえるようにしておきましょう。

ストーリーズで「日常」を伝える

> ここでは、「ストーリーズ投稿」についてお話しします。投稿から24時間で消える、連続した画像や動画を配信できるという特性に合わせて、どんな内容を発信すべきかを見ていきましょう。

ストーリーズで伝えたいこと

　ストーリーズは部屋の中にある「テーブルの上」です。**日常的な出来事を切り取り、投稿**していきましょう。

ストーリーズでの「目標」や「戦略」の投稿例

・「来月の目標を決めました」
・「今月の目標を達成しました！」
・「新商品を知ってもらうためにインスタライブを開催します」

ストーリーズでの「失敗や困難」の投稿例

・「今日は天気が悪く、お客さんが少なかったです」
・「会社の中で風邪が流行ってしまいました」
・「今月の売り上げは少し目標に届かなさそうです」

ストーリーズでの「商品の物語」の投稿例

・「こんなメニューを思いつきました」
・「商品に対するレビューをいただきました」

・「今週は、このメニューが人気でした」

　ユーザーの多くは、フォローしているアカウントのストーリーズを流し見して、興味のあるものをチェックしています。
「あの人のストーリーズを見よう」と意図的に見ることは少なく、なんとなく面白そうな投稿があったら、「あっ、見ようかな」「今日も何か発信しているな」と見てみる。学校ですれ違った人を、なんとなく「今日も学校にいたな」と認識するくらいの感覚ではないでしょうか。
　ストーリーズは24時間で消えてしまうこともあり、気軽に投稿しましょう。**ストーリーズの場合は、内容よりもユーザーの目に触れる回数のほうが大事**です。

日記を書くように日々の出来事を投稿しよう

　ストーリーズでも、「インスタで伝えたい3つのこと」に限らず、どんどん発信していきましょう。ちょっとした出来事や、新しい気づき、**簡単な日記を書くような感覚**で、気軽に考えてみてください。自分たちのビジネスに近いロールモデルとなるアカウントを見つけて、どんなストーリーズを上げているのかを勉強するのも効果的です。

日常的なトピックス

34℃

やばい...😷

喉が渇く前に水分補給してね😷

トラブルの報告

もうマジ無理

200円で買ったから80円失った。
病みそう。

みんなの不満や不安を代弁

たまご
いつ安くなる👸

たまごM
308円
333円

流石にちゃんと
打撃受けてる👧

自分の感情の共有

何かがあったわけでは無いんですが、
身体と心がちょっと重いなぁって日
みんなもあったりしますか...?👸

なんだか今日はなーんにもやりたく無いので
天井を見つめてる王子です👑こんばんは👸

でも今日後で友達が遊びに
家に来るんですよねぇ...笑

- インスタライブへの
  参加のお礼

- フォロワーとの
  コミュニケーション

ストーリーズの投稿頻度

ストーリーズは1日に3～4回くらい投稿してほしいと思います。

　リアルな人間関係でも、定期的に会っていないと相手の存在を認識できません。極端な言い方をすれば、ビジネスを続けているかどうかもわからない。ある程度頻繁に更新されていないと見てもらうことも少なく、当然覚えてもらえる確率も減っていきます。

　「単純接触効果」というように、人は触れる回数が多い相手に好感を持ちます。ストーリーズは24時間で消えるので、**いつ見ても何かが上がっている、あるいは訪れるたびに新しいものが上がっている状態**にしておきましょう。

リールで「物語」を伝える

「リール」はショート動画を配信できるもので、4種類の投稿の中でも最新の機能です。いろいろな活用方法が考えられますが、本書では STEP22 で解説したストーリーズと絡めて考えます。

ストーリーズをまとめてリールで投稿

　リールは部屋の中にある「アルバム」です。本書のノウハウでは、**ストーリーズで切り出した日常を、ある期間でまとめる**ようなイメージで考えます。

　例えば、3カ月で10回買い物に行ったとします。「インスタで買ってきたものを紹介しよう」としたときに、3か月分まとめて投稿することは考えづらいと思います。

　毎回買ったものをストーリーズに上げて、ある程度の期間が経ったところで「この3カ月で買ったもの」と編集してリールに上げる。実際に、こうした投稿が多くなっています。**起承転結を意識して、まとめましょう**。

リールの投稿例

・「目標を考えた」→「そのための戦略を考えた」→「でもうまくいかなかった」→「改めて考え直した」
・「お店をオープンした」→「なかなかお客さんが来ない」→「商品紹介の投稿をした」→「投稿を見たお客さんが来てくれた」
・「新しいメニューを作った」→「試作品をお客さんに出してみた」→「想像以上に好評価だった」→「1200円で売ることにした」

● 「目標」や「戦略」

● 「失敗」や「困難」

● 「商品の物語」

気軽に見ることのできる内容を投稿しよう

　リールの場合も、「インスタで伝えたい３つのこと」に限らず発信していきましょう。「どんな内容をリールにすればいいのか」と細かく決める必要はありません。例えば映像が綺麗でテンポが良く、目で追い掛けてしまうような動画など、**「ユーザーがあまり考えずに、気軽に見ることのできる投稿」**と考えてください。

- 観光地の魅力を発信

- セール告知

● お役立ち情報

フォロワーでなくてもわかる投稿を

フィードにも共通することですが、リール投稿で気をつけたいのが、**フォロワーだけではなくフォロワー予備軍にも見られる投稿**だという点です。

ユーザーのホーム画面では、ストーリーズやインスタライブは、基本的にフォローしている人の投稿しか表示されません。対して、フィードとリールは、フォローしていない人の投稿であってもレコメンド欄に表示されます。

そのため、**物語性のある内容の場合は、その投稿だけで理解できるようにしておくことが必要**です。例えば、ドラマの「第5話」を急に見せられても、前後の流れがわからないですよね。

普段から投稿を見てくれている人であれば、自分がどんなビジネスを

しているのかといったことや、過去の出来事なども把握してくれています。そうした人に「新しいメニューを考えました」と伝えても違和感はないでしょう。しかし初めてそのアカウントの投稿を見たときに、急にそう言われてもよくわかりません。

　リールでは、**その投稿の中だけで話が完結するように考えます。**自己紹介やビジネスの説明などを踏まえ、前後の繋がりがわかるようにしておきましょう。

　例えば、STEP18で紹介した「レシピノート」では、新商品開発をしているときのリールで、必ず「商品開発をしている」とわかるようにしています。あるいはSTEP13で取り上げた「ど素人ホテル再建計画」のリールでは、必ず「赤字ホテルの再建を任された」ということが説明されるようになっています。

リールの投稿頻度

　リールの場合、特に投稿頻度を意識する必要はありません。**ストーリーズで投稿した内容がある程度溜まってきたらアルバムとしてまとめる**、と考えましょう。

インスタライブで
「ありのまま」を伝える

インスタライブでは、ユーザーにリアルタイムにメッセージを届けることができます。ライブと聞くとハードルを高く感じるかもしれませんが、心配はありません。簡単なことから始めましょう。

インスタライブで伝えたいこと

インスタライブでは、**日常をそのまま発信**します。扱う内容は、簡単に言えば「なんでも OK」です。ほかの投稿と同様に「インスタで伝えたい 3 つのこと」を基本に、ほかの活用法もあります。

インスタライブの特徴は、その言葉の通り「ライブ」であること。それに、コメントなどを通してリアルタイムにフォロワーとやり取りできることです。この**インタラクティブ性を生かした内容**を考えましょう。

インスタライブの事例

・新商品発売のお知らせ：見ている人が気になることを質問できる
・商品のデモンストレーション：商品を映しながら、素材などの説明をする。見ている人は「手触り感はどうですか？」「サイズ感はどうですか？」と質問できる
・ダイエットのトレーニング方法を実演しながら解説する

もっとシンプルに、**おしゃべりをしているだけでも問題ありません。**そうしたやり取りを通して、お互いの関係性が深まります。

● 自社商品を使っての料理

● 限定セミナーの告知

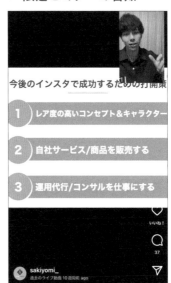

● ヨガのレッスン

● チャレンジの実況
（ママチャリでの旅）

"顔出し"不要、簡単な内容でOK

　カメラの前で話すと考えると、ハードルを高く感じる人もいると思います。ただ、実際にインスタライブをしている人を見ると、そんなに難しい発信をしていないことがわかると思います。

　まず、**いわゆる"顔出し"は必須ではありません。**もちろんどんな人かがわかるほうが見る人にとっては魅力的ではありますが、商品を映しておいて**カメラの外から話すのでもいいし、スライドを見せながら話すのでも大丈夫**です。

　スライドを使ったインスタライブのやり方
①インスタライブを開始する
②画面右上にある写真マークをタップ
③共有したい画像や動画をタップ
④ほかの画面を共有する場合は、再び写真マークをタップして画
　像を選択して切り替える

　うまく話せないのではないか、という心配もあると思いますが、その点も心配ありません。

　最初の頃は、むしろ不慣れで拙い雰囲気のほうが、好意的に受け取られます。言葉に詰まれば、「頑張れ！」とコメントで応援してくれるフォロワーもいます。**最初は自己紹介で十分**なので、まずはやってみましょう。

● スライドを見せながらのインスタライブ

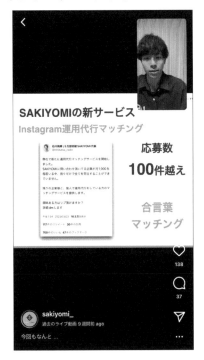

インスタライブのポイント

インスタライブに慣れてきたら、次のようなポイントを意識して見て
ください。

インスタライブのポイント

・簡潔に話す。質問にも端的に答える：できるだけ多くのフォロ
ワーとコミュニケーションが取れるような話し方を意識する
・ユーザーにアクションを求める：「質問ありますか？」「みんな
の好きな食べ物教えて」などと伝え、コミュニケーションを生
む

- 「いま話していること」を定期的に説明する：話の途中で参加した人のために、いま、何の話をしているのかがわかるようにする
- コメントしてくれたフォロワーの名前を呼ぶ：コメントを受け取ったことが相手に直接伝わり、よりリアルなコミュニケーションに近づく
- "人間っぽさ"を出す：ユーザーは台本通りのライブより、その場で起こるリアルな情報を求めている。感情表現、リアクションは大きめに

インスタライブの投稿頻度

　インスタライブについては、頻度を決める必要はありません。フォロワーに伝えたいことがあるときや、**時間に余裕があるときに発信**しましょう。

4つの投稿の指標の考え方

マーケティングをする上では、施策に対してどれだけの効果があるかを検証することが大事です。ただ、"推し"は数値で測ることができません。効果検証をどのように考えればいいのでしょうか。

大切なのはフォロワー数ではなく"推し"になること

STEP16では、なぜそのビジネスをするのか、なぜInstagramを運用するのかについて考えました。

Instagramを運用する上で、注目されがちなのはフォロワー数です。もちろんフォロワー数は大切で、多ければ多いほど拡散力を持つアカウントになります。

ただし、Instagramを運用する目的を考えると、フォロワーになってもらうことではないはずです。**まずはビジネスを通して叶えたい目標がある。そのためにフォロワーに応援してもらいたい、という順序**があります。

その点で、STEP11でお話ししたように、**"推し"が増えればより盛り上がっているように見え、フォロワーは増えていきます。**逆にフォロワーがいくら増えても、"推し"が増えるとは限りません。

● フォロワー数が多いだけでは目標を達成できない

フォロワーが多くても
応援してくれなければ
意味はない

数は少なくても"推し"に
してくれる人がいたら
それを見て多くの人が集まる

効果検証のためだけの指標

　ユーザーの"推し"になるためにどうすればいいかと言えば、本書で
お話ししている「インスタで伝えたい３つのこと」を発信していくこと
です。

　とはいえ、**"推し"になっているかどうかは、フォロワー数のように、
数で測ることはできません。** そのため効果検証もできません。このこと

に不安を感じる人もいるでしょう。このノウハウを実践していって本当に効果があるのか、という不安です。

そこで、この STEP では数字に表せる指標を紹介します。しかし、**「推しになる」という点では、この指標を追うことにあまり意味はありません**。もっと言えば、指標に落とすことで表面的な理解にとどまってしまう恐れもあります。

あくまで運用しやすいようにご説明しますが、**大切なのは数字を追うことではなく、自分たちのありのままの姿を伝えること**だと、忘れないようにしましょう。

ここで出てくる指標は「インサイト」という機能で見ることができます。Instagram を個人用のアカウントで利用している人は**「プロアカウント」に切り替えないとインサイトを確認できない**ので、注意してください。

各投稿の指標（1投稿ごと）
- **フィード**
  - ・コメント率（コメント数÷リーチ数）：0.1%
  - ・保存率（保存数÷リーチ数）：2%

- **ストーリーズ**
  - ・閲覧率（リーチ数÷フォロワー数）：15%

- **リール**
  - ・ホーム率（フォロワーへのリーチ数÷フォロワー数）：60%
  - ・フォロワー以外リーチ率（フォロワー以外リーチ数÷総リーチ数）：50%

- インスタライブ
  ・視聴率（視聴者数÷フォロワー数）：1％
  ・コメント率（コメント数÷リーチ数）：10％

　この数字を基準に、指標を下回るようであれば、改めてどんなことを発信するべきか、見直してみてください。ただ、繰り返しになってしまいますが、大切なのは数字ではありません。**お客様から応援してもらえるようになったという実感があれば、この指標をチェックしなくてもいい**とも言えるでしょう。

「最初に知ってほしいこと」を ハイライトに

Instagram では、4種類の投稿とは別に、「ハイライト」を設定できます。有効活用していないアカウントもありますが、ユーザーに自分たちのことを知ってもらう上で、この機能はとても重要です。

「インスタで伝えたい3つのこと」をまとめる

　本章では、4種類の投稿についてお話ししました。これとは別に、ハイライトの設定をしましょう。

　ハイライトは24時間で消えてしまうストーリーズを、プロフィールページに時間制限なく掲載できる機能です。

● プロフィール欄に表示されるハイライト

**ある投稿をチェックし、アカウントに興味を持った人はプロフィール
ページを訪れます。**インスタで伝えたい３つのこと（①「目標」や「戦略」、
②「失敗」や「困難」、③「商品の物語」）について、最初にハイライトにま
とめておくようにしましょう。

● 「インスタで伝えたい３つのこと」をハイライトに

ハイライトのポイント

STEP7では、"推し"の条件のひとつとして「相互性がある」と説明
しました。自分たちの意見が、そのアカウントに何かしらの影響を与え
ていると実感できることで、応援しようという気持ちはより高まりま
す。**ハイライトでは、自分たちのアカウントの相互性についても紹介**し
ましょう。

相互性を含めたハイライトの例

・「普段フォロワーさんと DM でこんなことを話している」

・「こんな質問ボックスに回答しています」

・「フォロワーさんの意見を参考に、商品を作りました」

　このような内容をハイライトで見せることで、「このアカウントはコミュニケーションをしてくれるんだな」とわかってもらうことができます。それが"推し"の入り口になります。

● **お勧めアイテムを募集し、その結果をシェア**

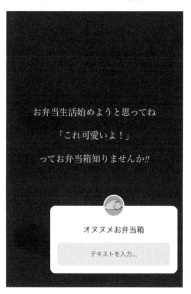

　また、たくさんの人にハイライトを見てもらうために、**フィードやストーリーズから「どんなアカウントかはハイライトをチェック！」といったように誘導**します。

- ● ハイライトへの誘導の事例キャプチャ

　このように、ハイライトは使い方次第で大きな効果をもたらします。普段の投稿だけに気を取られがちですが、かならず設定しておきましょう。

第6章

"みんな友達"の
世の中

あらゆる場面で
分断が進む社会

Instagram を SNS として捉えるだけでなく、視点を広げてみましょう。Instagram がつくり出す繋がりが、ビジネスを超えて必要とされるようになる。最終章では、そのことを考えていきます。

Instagram がもたらす本当の価値は

　本書でお話ししているように、Instagram は「友達と繋がるためのツール」です。ここまでは、その特性を生かして、ユーザーの"推し"になるための方法を考えてきました。

　その効果はビジネスが安定する、売り上げが上がる、といったことにとどまりません。自分たちがどのような思いでビジネスをしているかを伝え、自分のありのままの姿を見せる。それを見た人に応援してもらえるようになる。これは、**人と人との繋がりをつくること**です。

　いま、あらゆるところで分断が起きています。企業と個人、企業と企業、個人と個人。**その溝を埋めていくことに、Instagram は大きく寄与する**はずです。

　まずは、いま社会で起きているさまざまな分断を把握する。その中で、自分のビジネスに関わるところから解決策を模索していきましょう。その対応によって、ビジネスの結果にも差が出てくるのだと思います。

企業と個人の分断

　これまで、企業と個人とは、あまり交わることのない関係でした。企

業のマーケティング担当者が顧客とコミュケーションを取って「こういうプロダクトを作ろう」「価格はいくらにしよう」と考えることは、まずなかったでしょう。

　語弊を恐れずに言えば、企業の発信は常に一方的です。「こういうものが好きなんでしょ？」「こういうものが欲しいんでしょ？」というように、商品が生み出されています。

　企業は機能的便益を売り、それをどれだけの人が買うか。企業にとって個人は指標の一部に過ぎないと言っては言い過ぎかもしれませんが、**企業と個人が対等の立場で結びつくことは少ない**でしょう。

企業と企業の分断

　次に、企業と企業です。短期的に市場を成長させるための競争環境は必要です。とはいえ、競争することで分断も生まれやすくなります。

　企業同士が情報を共有することは極めてまれです。「コンプライアンス」「守秘義務」も大切ですが、どの企業でも内部で話している内容に大きな違いはないでしょう。それなのに、多くの企業が戦略を隠し、自社の技術が高い価値を持っていると信じています。

　これらを隠すことに、必ずしも意味はありません。**昔は技術力が競争力の源泉でしたが、これからは本質的な差別化の要因にはなりません。**それよりも必要なのは、広く協業し、新しい価値を生み出すことです。従来の枠組みでは、イノベーションは生まれません。**各企業が情報や技術を持ち寄って新しい発想を生み出していかなければいけないのに、それがシェアされていない。**これは社会全体で見れば明らかな損失です。

個人と個人の分断

　STEP4でお話ししたように、**人と人とのコミュニケーションは、ど**

んどん難しくなっています。学校でも職場でも、プライベートの話をすることは避けられるようになりました。

最近では、「迷子に声を掛けるのもためらわれる」といったことも聞きます。さらに、「エレベーターで挨拶してはいけない」といったルールを決められているマンションもあります。周囲の住人との関係をコミュニティとして考えたくないという価値観もあるわけです。

特に新型コロナ禍では、こうした傾向が強くなったと感じる人も多いのではないでしょうか。握手ができない。相手の口元を見ることもできない。そこで失われているものが、少なからずあるはずです。

● **あらゆる関係性で分断が進む**

では、Instagram を通して生まれる繋がりが、こうした分断をどのように埋めていくのか。次の STEP から考えていきます。

STEP
...
28

顧客が自分の意思で
企業活動に参加する

Instagram を通じて、顧客は企業の内面を知ることができます。企業は「その他大勢」ではない顧客個人に向けて、ビジネスをするようになります。「売る」「買う」だけではない、新しい関係性です。

企業を応援しようという想い

　本書のノウハウは、まさに企業と個人の分断を埋めるためのものです。

　例えば、みんな 100 円払って水を買います。では水そのものに 100 円の価値があるかと言えば、そんなことはありません。

　水が採取されて私たちの手元に届くまでには、いろいろなストーリーがあったはずです。どこから採取するかを考える人がいて、日本中の山を調査しているかもしれません。しかし、現在の世の中ではその部分がブラックボックスになっている。自分たちがその調査員にお金を払っているとは考えないわけです。

　もし、Instagram を通してその人たちの想いを知れば、応援しようという気持ちになるのではないでしょうか。その水を買うのはもちろん、投げ銭（海外でいうチップやドネーション）のようなかたちで貢献することもあるかもしれません。

　こうした状況が実現したとき、企業としてのメリットのひとつは、お金をかけることなく、お客様に自分の意思で協力してもらえることです。**新商品のアイデアやデザインを募集すれば、たくさんの案が寄せられます。商品や会社について拡散してくれる**というのも、とてもありがたいことです。

自分のアイデアやデザインが採択されるようなことがあれば、それは**個人にとってもポジティブなこと**です。とても嬉しく感じるのではないでしょうか。STEP3でお話しした、自分の存在意義を認めることにも繋がっていくでしょう。

● **企業と個人の新しい関係性**

顧客の意見をどう扱うべきか

　企業とお客様が繋がることで、お客様がビジネスに協力してくれるようになる。ただし、そのことと、より良い商品やサービスが生まれることとは別の話です。みんなで考えたからといって、斬新なアイデアが生まれるとは限らないですよね。

企業と個人の分断が消えたとき、これまで以上にお客様からの情報が入ってきます。それが実際に役立つかどうかは別問題。するとお客様の意見をどう扱うかが難しくなってきます。せっかく寄せてくれた意見を無視するわけにもいかないといった気持ちも働くでしょう。

　結論から言えば、**自分自身がそのビジネスのプロとして持っている知見から見て、考慮すべき意見だと思ったら参考にする**、ということになります。

　まず、意見を寄せてくれるのは、それがポジティブな内容でもネガティブな内容でも、ありがたいことです。ただし、それを採択するかどうかは別です。

　例えばサッカー選手に「すごいね君。でも左足をもっと上手に使えるようになればプレーの幅が広がるよ」と言う人もいます。選手本人は、そんなこと聞いていません。けれど意見を言ってくれることに感謝して、「ありがとうございます」とお礼を言う。それと同じだと考えましょう。

　商品開発プロジェクトで、個人からアイデアを集めたとします。個人にとって、もし意見が採択されれば嬉しいでしょうが、それに限ったことではありません。**完成された物語ではなく、物語がつくられていく過程を見ることができる、そこに参加できることで、自分が関わったと思える。そこに喜びが生まれる**のです。

企業同士が
新しい価値を共創する

従来、企業と企業は市場の奪い合いをする仲でした。しかし、1社では価値を生みづらくなった時代では、新しい協力関係が求められています。そこに Instagram はどのように関わるのでしょうか。

シェアを前提としたビジネスの広がり

これから先、企業と企業の分断も埋めていかなければいけません。**それぞれの会社が持っている技術やノウハウはコピー可能で、守る意味がなくなってきています**。だからこそシェアして上手に活用することが、次の時代の課題ではないでしょうか。

これはもうすでに世の中の動きになっています。例えば ChatGPT のOpenAI は、「誰でも自由に使っていい」と API を公開しています。

あるいは「Fortnite」というゲームでは、クリエイターにプラットフォームが開放されています。「Unreal Editor For Fortnite」といったエディタでオリジナルのゲームを設計・開発し、Fortnite に公開できる。さらにそれをユーザーが使えば、クリエイターに報酬が入る。これも大きな話題となりました。

技術や知識をシェアして、みんなの力を合わせることで新しい商品やサービスが生まれる。そうして世の中が豊かになっていく。その結果として会社の収益も上がる。これが企業の取るべき選択肢です。

● 企業と企業の新しい関係性

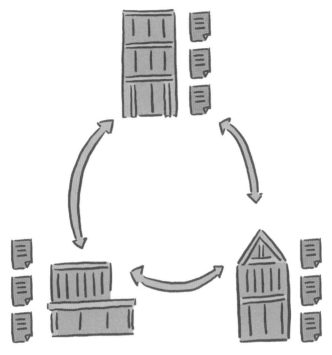

情報や技術、リソースを共有することで
新しい価値が生まれる

　これまで、社会に大きな影響を与えるビジネスは、規模の大きな企業にしかできませんでした。それがいまでは、例えば OpenAI などの API を活用することで、「Fortnite」で1億人が使うステージをたった1人のクリエイターでも生み出すことができるかもしれません。

　億単位の人が使うインフラを生み出すのは、極端に言えば東京・新大阪間に新幹線を通すくらいのハードルです。そういうことが、1人でもできるようになっています。大企業が強いといった幻想は、ある分野では終わっています。規模の大小を問わず、1社だけで生み出せる価値は減っているわけです。

　企業同士の情報のシェアとして、セミナーの共同開催という例があります。

　多くの企業では、「ハウスリスト」と呼ばれる、過去に問い合わせのあった顧客のリストがあります。SAKIYOMIでは約3万件のリストがありますが、その中で実際に顧客になるのは1000件くらいです。せっかく集めたのに、残り2万9000件の使い道はありません。どこの企業でも、同じようなことが発生しています。

　そこで、こうした情報をシェアします。

　例えば、Instagram運用に強みを持つA社が自社のハウスリストにセミナーを告知すると、30人集まるとします。しかしそのとき、「TikTok運用を得意とするB社と共同セミナーをする」とすれば、参加者が増えて50人になる、といった可能性があります。Instagram運用を必要としていなくても、TikTokであれば興味がある人たちもいるからです。

　これはB社側も同じ。単独での開催であればそれぞれ30人しか集まらなかったものが、合計で100人集まることになります。

　顧客側にとっても、ほかの企業との出会いがあるのであれば、そのほうがいいはずです。企業同士で協力すれば、効率的にホットな顧客が集まるわけです。

　こうした意識は「助け合い」とも違います。**企業同士、そんなに相手に興味はないけれど、わざわざいがみ合う必要もありません。であれば「Win-Win」にしよう**という考え方です。

　もちろん、こうした働き掛けをしても、「絶対にイヤだ」という企業もあります。間違った考え方だとは言いませんが、そういう企業は結局

生き残ることができていないように感じます。

　これまでの常識で言えば、自社のリストを他社に提供するなんて考えられないことだと思います。こうした感覚の差には世代の違いもあるのかもしれません。特に IT 業界、ウェブマーケティング業界の若い企業は考え方が先進的で、精神的にも少し豊かなのだと感じます。何かを奪われることに対してリスクだと感じていない人が多い。優秀な企業ほど、何か失敗があっても気にせずに次のチャレンジに向かいます。

　このように、現代では自分たちの持っている情報や知識を隠すことにメリットはなくなってきています。それでも隠したいのは、単なる意地でしかありません。あるいは「負けるんじゃないか」という恐怖です。
　企業の根源的な役割は、社会に役立つ価値を中長期にわたって生み出すことです。**意地や勝負にこだわることは、ビジネスに本質的に必要な部分とは違う精神性**です。自社のためにはならないし、市場の成長にも貢献しない。何よりも、顧客のためになりません。

競合同士が褒め合う社会に

　いままでの世の中とは変わり、これから Instagram を通して個人と企業がシームレスに繋がるようになります。すると、ある顧客が A 社と B 社を推しているということも出てきます。
　自分の"推し"がまた別の"推し"と仲良くしているのを見ると嬉しく感じる。これはみなさんにも経験があるのではないでしょうか。友人関係でも、自分の友達が別の友達とも仲が良いと知ったら嬉しいですよね。

　Instagram では、インスタライブでの企業同士のコラボや、両方のア

カウントから同じ投稿が発信されるコラボ投稿ができます。気になるアカウントがあれば、依頼してみるのもいいでしょう。小さな規模でもいいから、**企業同士のコラボをしていたほうが、これからは絶対に有利**です。

　それに、個人と企業の繋がりが増え、より繋がりを大切にする価値観が広がっていくことで、企業同士の繋がりも増えていくかもしれません。**競合企業がお互いの商品を褒め合うような世界になれば、そこから新しい価値も生まれる**ように思います。

　この話を「綺麗事だ」「役に立つことではない」と考える人もいると思います。でも、遅かれ早かれそういう会社は淘汰される。それは間違いのないことだと考えています。

個人と個人の分断を埋める

> 新型コロナ禍を経て、人と人との繋がりは強く意識されるように
> なりました。シェアや譲り合いの価値観をもとにしたサービスも
> 広がり、個人と個人の分断は、すでに埋められようとしています。

個人同士で広がる「シェア」の文化

　個人と企業、企業と企業、個人と個人の間の分断では、**個人と個人の
分断がなくなっていく動きがいちばん強くなっている**と思います。

　例えば「メルカリ」などの個人間の売買サービスや、「Airbnb」とい
う、空いている家や部屋を宿泊施設として安価に貸し出すサービスもあ
ります。「UberX シェア」のように、車の相乗りサービスも生まれてい
ます。個人と個人が自分の持つものを譲り合ったりシェアしたりという
流れは、増えてきているように思います。

みんな自分の持つ情報を伝えたいと思っている

　ビジネスをする上でも、インフルエンサーやフリーランスの人たちは、
やはり手を取り合っている印象があります。
　例えば「この方法で結果が出た」といったことがあるとします。それ
を隠している人と、みんなに「こんな方法があるよ」と教えている人が
いたら、自分が新しい情報を得たときにどちらのほうにそれを教えたい
と思うか。みんな選ぶほうは同じでしょう。
　みんな本心では、自分の持つ情報や知識を共有したいと考えているの

だと思います。ただ、企業の場合は上司や株主などのステークホルダーの手前、それが難しいということでしょう。それが個人同士であれば自分の考えひとつで、情報提供できるようになります。

● 個人と個人の新しい関係性

モノや情報を共有して、互いに豊かになる

このように、個人と個人の繋がりは改めて意識されるようになっていると感じます。Instagram は友達とのコミュニケーションのためのツールです。個人と個人の分断を埋めることにこれからも寄与していくということは、わかっていただけるのではないでしょうか。

「時間」がつくり出す 付加価値

機能的便益では差別化できず、一般化された価値が魅力を持たなくなる。そうした時代に求められる人との繋がりを考えてきました。そこにもう1本の軸、「時間」の持つ意味を考えます。

「継ぎ足し続けたタレ」が魅力的な理由

メディアアーティストとして有名な落合陽一氏が、こんなことを言っています。

> もし10秒で査読に5日かかる論文を生成できるとするならば、我々は本当に論文を読むだろうか. 120秒で60分の音楽アルバムが生成される時代に60分かけて音楽を聴くだろうか. 情報の消費活動の主体がコミュニケーションにあるならば我々は静的パッケージから動的インタラクションに移行するだろう.
>
> 落合陽一公式Twitterより

これを私なりに解釈すると、こういうことだと思います。

機能的便益はもう便益ではなくなっています。コンテンツ消費より生産のほうが早くなり、当然機能の価値は低くなっていきます。

ということは、違うところから価値を生み出す必要があります。単純に言えば、前後の文脈と相互性によって培われるものです。**時間軸の中で誰かと誰かが相互に関わって出来たものにこそ、価値が生まれる**。これがAIには代替不可能なものです。

ここでいう前後の文脈とは、簡単に言えば「歴史がある」ということです。

　例えば100年継ぎ足し続けたうなぎのタレの「味」は科学的に再現できるかもしれないけれど、そのタレの価値は違うところにあります。単純な味だけではなく、ずっと絶やさず継ぎ足してきたという稀有なストーリーに人は価値を感じるのではないでしょうか。

時間軸を持った関わりから価値が生まれる

　STEP29では企業同士のシェアを考えましたが、どのように価値を生み出すかという点で、別の考え方もあります。

　日本を代表する飲料メーカーであるサントリーホールディングスは、上場していません。主力商品であるサントリーウイスキーは、2023年に100周年を迎えました。同社ファミリー企業としての「時間」を元に価値を生み出しています。

　例えばボトリングしてから50年経ったウイスキー。品質はもちろんでしょうが、そこに内包された「時間」に人は魅力を感じます。これは、ファミリー企業だからこそ生み出せる価値です。このような長期的な価値の創出方法が、株主とのコミュニケーションで成立することは難しい。みんな短期の利益を取りたいからです。

　本書では、ユーザーにとっての"推し"になるために、過去と現在を知っていて、相互性のある関わりが必要だとお話ししました。**機能的に優れ、一般化されたものに価値はない。そこで求められるものを生み出すためには「時間」が必要**なのだということだと思います。

「一緒にいた時間」が
価値を持つ社会に

STEP31 では、「時間」を通して新しい価値が生まれるとお話ししました。これは商品やサービスだけではなく、企業と個人、企業と企業、個人と個人、といった関係性でも同様ではないでしょうか。

時間に与えられるメリット

長い時間の関わりがあるからこそ、享受できるものがあります。

例えば、あるアイドルグループが活動し始めたときからライブに通っているファンもいれば、武道館コンサートで初めて行く人もいる。前者と後者の扱いがまったく同じであれば、前者は不公平に感じるはずです。

実際には長くファンを続けることで名前を覚えてもらえたり、前回に会ったときの話をしてもらえたりなど、何らかのメリットがあります。だからこそ長い間ファンでいるはずです。

これは本来、どんなことでも共通のはずです。例えば知人の結婚式があったとき、ずっと昔からの友人と知り合って1年の同僚とでは、やはり前者へのお祝いをしっかりしたいと考えるのではないでしょうか。あるいは結婚式での友人代表挨拶を、ほかの人ではなく自分に任せてくれる、ということもあるでしょう。

企業と個人でも同じ。会員制のサービスなどでは、加入期間によってポイントのランクが設定されているものがあります。「サービスの開始時に入会していた人はずっとゴールドランク」といった考え方です。

関係性が長くなるほど、何らかのメリットが生まれる。こうした構図がいま、崩れている場面があります。

わかりやすいのは、企業と社員です。企業で長く働くことに対するメリットは生まれづらくなっています。

もちろん、長く働くことが必ずしも良いというわけではありません。1つの会社で定年まで働くということに対する限界は、みんな気づいています。

そこでよく話題になるのが、STEP13でもお話しした、ジョブ型の働き方です。1つの会社の中でずっと働くということではなく、プロジェクトごとに必要な人材を集めてチームを組む。それがこれからの主流になっていく、といった考え方です。

しかしこの話は、日本が導入に遅れているから新しく思えるだけで、世界的にはスタンダードになっています。そうしている間に、ジョブ型の価値観も古くなっているように感じます。

ジョブ型の働きで重要視されるのは「機能」です。例えば「ECを新設するので、立ち上げに詳しい人を探そう」と考えたとします。その場合、ECサイトが出来たらもうその人は必要なくなってしまいます。

加えて、機能的な部分はAIの発達などにより、どんどん進化しています。これまで半年かかっていたものが、3日でできるといったようなことにもなりかねません。

そうしたときに機能だけで人を選んでいたら、時間軸を基準とした価値を生み出すことはできません。そのときどきにアサインされ、商品の

背景や会社の歴史を語れない。そんなメンバーだけで構成されていれば、働く側も顧客もその会社を選ぶ理由がなくなります。

そういった点から、「なぜそこで働くのか」が重要視されるようになっています。働く意味を感じられる環境であれば、関わる時間も長くなるでしょう。ジョブ型といわれる働き方でも、待遇とは違う基準で仕事を選ぶ人が多くなっているそうです。**もう一度、ビジネス上においても時間軸を持った人と人との繋がりが大事になっています。**

DAO 的働き方への転換

時間軸を持った人と人との関わりについて、テクノロジーの力で新しい価値を生み出すことができるのが、ブロックチェーンやトークンエコノミーといった概念から生み出された、DAO（Decentralized Autonomous Organization：分散型自律組織）の考え方です。

例えば新しいサービスを考えるときに、誰かが「俺、プログラミングが得意なんだよ。そのサービスをつくれると思う」と言ったとします。そうなったときに、「じゃあ、50万円の報酬でお願いね」というのでは、時間軸を持った価値は生まれません。

そこで、仕事をすることで現金ではなくトークン（暗号資産）がもらえるようにします。トークンはすぐに換金することも可能ですし、持っておくこともできる。そうして自分が開発したサービスによって売り上げが上がれば、自分の持つトークンの価値も高まっていく仕組みです。株式やストックオプションに近い考え方かもしれません。

このように、**各々が自分の意思で集まり、成果を出した人が評価され、時間軸が長いほどインセンティブが生まれる**。そうすれば、とても働きやすいかたちになると思います。

海外のセレブリティーたちの多くは、スタートアップ企業に投資しています。自分が「いいな」「画期的だな」「好きだな」と思うサービスを応援し、自分が広告塔になって、そのサービスを盛り上げる。

　これは本来あるべき姿だと思います。株価が上がればリターンを得られる。一時的にお金をもらってCMに出るより、お互いにとって絶対にそちらのほうがいいでしょう。

● 一時的にお金をもらうのではなく長期で考える

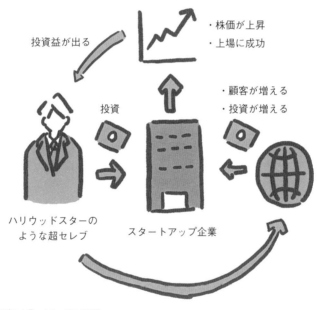

投資益が出る

・株価が上昇
・上場に成功

投資

・顧客が増える
・投資が増える

ハリウッドスターの
ような超セレブ

スタートアップ企業

※本当に良いと思ったサービスが前提

影響力で世界に発信

　私はいま、こうした仕組みをインフルエンサーに取り入れようと考えています。企業のPRをしてお金をもらって「はい、終わり」というのは、何かがおかしい。自分の活動によって企業が成長したら、より多くのインセンティブをもらえる。そうした仕組みのほうが合理的なのではないでしょうか。

友達の友達は友達だ

> 企業と個人、企業と企業、個人と個人が時間軸を持った関係性で、シームレスに繋がる。そうした社会が実現したとき、みんなが少し生きやすくなるのではないでしょうか。

人が人を信用しない社会を変える

いま、世の中は「生きやすさ」とは別の方向に進んでいるように感じます。特にSNS上は晒し合いの場所になっています。少し有名になった人がいたら、みんなで叩きに行く。何年も前の埃を探し出して、鬼の首を取ったように非難する。**SNSというツールが監視装置になっている**ような状況です。

そうした状況では、人を信じることが難しくなっていきます。例えば、中国では至るところに監視カメラがあるそうです。信号無視をしただけで個人の「信用スコア」が落ちる。するとローンを組んだり賃貸契約をしたりすることが難しくなるといわれます。

これは、世の中が人の精神性に期待しなくなったことの表れでしょう。日本人が中国の話を聞くと、「怖い話だな」と思うのではないでしょうか。しかし実際には自分たちの国でも、SNSを通して同じことをやっているわけです。そんな社会が楽しいでしょうか。

そこから抜け出すための方法として、私は本書でお伝えしてきた"推し"の概念が役立つと考えています。自分が誰かを推す。その相手も自分を推してくれる。また別の誰かと推し同士になって、その人も別の誰

かを"推し"にする。「友達の友達は友達」というように、**"推し"と
いう概念でみんなが繋がっていく**。そうして「みんなが応援し合う」世
界が生まれます。

コミュニティが武器になる

応援し合える関係性は、何よりも強い繋がりを生み出します。そうし
た意味で、これからはコミュニティを持つことが武器になると思います。

協力する、助け合うということに、短期的な見返りばかりを求める人
もいます。

例えば各社共同で初めてのイベントを開くとします。どれだけ集客で
きるのかも未知数だというときに、「何の得もないのに、なぜ協力しな
ければいけないのか」と考える。しかし、実際にイベントが想像以上に
人を集めたとしても、その人は「やっぱり、やります」とは言えないで
しょう。

**そのときに得られるものだけを見るのではなく、長い時間軸で考え
る**。直接的な利益を最優先にした関わりではなく、お互いに推し、推さ
れるという関係性。これをたくさん持つことが、これから最も重要なこ
とになるのだと思います。

- 時間軸を持った「互いに推し合う」関係性が武器になる

　本書を手に取り、最後まで読んでいただきありがとうございました。流行している言葉ですが、私は"推し"という考え方こそが今後の消費行動の大部分になると確信しています。

　高校生のとき、友達が働いているアパレルショップでパンツを買っていました。大学生のときには、携帯電話販売の仕事をする友達の話を聞いて iPhone を初めて購入。社会人になり、友達が勤める会社に広告をお願いしたり、採用を手伝ってもらったりしました。

　そして Instagram など SNS 上の繋がりでも、「飲食店ならこの人の情報を信じて店に行く」「この人のレシピを真似る」「この人の投稿を参考にして引っ越し先を探す」、"推し"の存在に意思決定を大きく左右されていると気づきました

　みなさんも同じような経験をしているのではないでしょうか。「安いからこの店に行く」「近いからここに行く」。そんな生活よりも少しリッチな気分で過ごしていられるような気がします。

　Instagram は社会に途轍もない影響を与え、われわれの消費やアイデンティティに対しての価値観をアップデートさせたと思います。しかし、それも使い方を誤ると間違った方向に向かってしまうかもしれません。だからこそ Instagram がつくってくれた素晴らしい価値観を、多くの人に伝えたい。そうした想いから、特に第6章の内容は、ノウハウというよりは SNS 業界に携わる人間としてのメッセージとなってしまったかもしれません。

　ただ、私自身のビジネス、そして SAKIYOMI において非常に大事にしている考え方でもあります。"推し"という考え方、そして"推し合う"

という関係がイノベーションを生み、そして大きな力をつくり出します。

　本書が書店に並ぶ頃には終えている予定ですが、2023年9月17日に「SNSサミット」という大イベントを開催予定です。通常、無料のビジネスイベントでも3000人集まればすごいといわれますが、このイベントのチケットは有料にもかかわらず、執筆時点で3500枚売れています。

　今回、登壇していただく方々は基本的にノーギャラです。ほとんどの登壇者が競合と呼べる存在ですが、集客にも協力していただき、一部の方々は協賛をしていただいています。イベントの収益は、主催であるわれわれも受け取りません。

　参加者同士が手を取り合い、次なるビジネスのチャンスへと繋げるこのイベントのコンセプトは、「共創」です。競い争うのではなく、SNSが生み出す明るい未来を共に創ることです。

　最後に、本書のプロジェクトに関わってくれたみなさんに感謝を。

・ノウハウづくりに協力してくれたインフルエンサーの方々
・「レシピノート」担当の打木くん
・商品開発担当の青山さん
・EC販売担当の橋本さん
・そのほかのSAKIYOMIのメンバー

　そして、読者のみなさんへ。SAKIYOMIのミッションは「新たな挑戦に、成功体験を」です。「あなたらしい働き方」に挑戦するすべての方々に、SAKIYOMIの挑戦が少しでも貢献できることを願います。

株式会社SAKIYOMI 代表取締役社長　石川侑輝

読者特典

最後までお読みいただきありがとうございます。"推し"になるためのノウハウの効果をさらに加速させるための特典をご用意しました。本書のノウハウと合わせて参考にしてください。

●下記の URL または QR コードからアクセスしてください。

URL　https://sns-sakiyomi.com/blog/book-2/

300 を超えるアカウント、400 万以上のフォロワーを分析した SAKIYOMI が推す

フォロワーを"推し"に変える ノウハウを実践している アカウントリスト

Instagram の最も効果的な運用方法のひとつが、結果の出ているアカウントを真似すること。どんな発信をしているかを見れば、必ず参考になることがあります。ぜひ、チェックしてみてください。

※特典は予告なく変更・終了する場合がございます。

［著者略歴］

石川侑輝（いしかわ・ゆうき）

株式会社SAKIYOMI代表取締役社長
2019年末からInstagram運用事業を開始。
自社メディアにて、6カ月で20万フォロワー達成などの実績をもとに、企業・個人への
Instagramマーケティング支援をサービスとして提供開始。
2021年にInstagram分析ツールSAKIYOMIをローンチ。累計300を超えるアカウント運
用支援に携わり、400万以上のフォロワー分析をしている。
著書に『平均4.2カ月で1万フォロワーを実現する プロ目線のインスタ運用法』（クロスメ
ディア・パブリッシング）がある。

●SAKIYOMIホームページ https://sns-sakiyomi.com/

400万フォロワーを分析したプロのノウハウ

インスタで"推し"になる方法

2023年10月1日　初版発行

著　者　　　石川侑輝

発行者　　　小早川幸一郎

発　行　　　株式会社クロスメディア・パブリッシング
　　　　　　〒151-0051 東京都渋谷区千駄ヶ谷4-20-3 東栄神宮外苑ビル
　　　　　　https://www.cm-publishing.co.jp
　　　　　　◎本の内容に関するお問い合わせ先：TEL(03)5413-3140／FAX(03)5413-3141

発　売　　　株式会社インプレス
　　　　　　〒101-0051 東京都千代田区神田神保町一丁目105番地
　　　　　　◎乱丁本・落丁本などのお問い合わせ先：TEL(03)6837-5016／FAX(03)6837-5023
　　　　　　（受付時間10:00～12:00, 13:00～17:30 土日祝祭日を除く）
　　　　　　service@impress.co.jp
　　　　　　※古書店で購入されたものについてはお取り替えできません。
　　　　　　◎書店／販売会社からのご注文窓口
　　　　　　株式会社インプレス 受注センター：TEL(048)449-8040／FAX(048)449-8041

印刷・製本　　株式会社シナノ

©2023 Yuki Ishikawa, Printed in Japan　　ISBN978-4-295-40880-2　　C2034